História da
filosofia moderna

SÉRIE ESTUDOS DE FILOSOFIA

História da filosofia moderna

2ª edição

Fábio L. Ferreira

**inter
saberes**

Rua Clara Vendramin, 58 . Mossunguê
CEP 81200-170 . Curitiba . PR . Brasil
Fone: (41) 2106-4170
www.intersaberes.com
editora@intersaberes.com

Conselho editorial
Dr. Alexandre Coutinho Pagliarini
Drª. Elena Godoy
Dr. Neri dos Santos
Mª. Maria Lúcia Prado Sabatella

Editora-chefe
Lindsay Azambuja

Gerente editorial
Ariadne Nunes Wenger

Assistente editorial
Daniela Viroli Pereira Pinto

Edição de texto
Monique Francis Fagundes Gonçalves

Capa
Denis Kaio Tanaami (*design*)
Sílvio Gabriel Spannenberg (adaptação)
Everett Collection/Shutterstock (imagem)

Projeto gráfico
Bruno Palma e Silva

Diagramação
Querido Design

Iconografia
Regina Claudia Cruz Prestes
Vanessa Plugiti Pereira

Dados Internacionais de Catalogação na Publicação (CIP)
(Câmara Brasileira do Livro, SP, Brasil)

Ferreira, Fabio Lustosa
    História da filosofia moderna / Fabio Lustosa Ferreira.
-- 2. ed. -- Curitiba : InterSaberes, 2023. -- (Série estudos de filosofia)

    Inclui bibliografia.
    ISBN 978-85-227-0745-4

    1. Filosofia – História I. Título. II. Série.

23-164091   CDD-109

Índices para catálogo sistemático:
1. Filosofia : História   109

Cibele Maria Dias – Bibliotecária – CRB-8/9427

1ª edição, 2015.
2ª edição, 2023.

Foi feito o depósito legal.

Informamos que é de inteira responsabilidade do autor a emissão de conceitos.

Nenhuma parte desta publicação poderá ser reproduzida por qualquer meio ou forma sem a prévia autorização da Editora InterSaberes.

A violação dos direitos autorais é crime estabelecido na Lei n. 9.610/1998 e punido pelo art. 184 do Código Penal.

sumário

apresentação, ix
organização didático-pedagógica, xiii

1 *Contexto histórico e características gerais da filosofia na Idade Moderna, 18*
   1.1 Contexto histórico, 20
   1.2 As mudanças na sociedade, 21
   1.3 A ética, 26
   1.4 A ciência, 28

 *A filosofia no Renascimento e a revolução científica,* 36
2.1 O Renascimento, 38
2.2 Francesco Petrarca (1304-1374), 42
2.3 Nicolau de Cusa (1401-1464), 44
2.4 Pico della Mirandola (1463-1494), 46
2.5 Michel de Montaigne (1533-1592), 48
2.6 Martinho Lutero (1483-1546), 51
2.7 Erasmo de Roterdã (1466 [1469]-1536), 54
2.8 João Calvino (1509-1564), 56
2.9 Nicolau Maquiavel (1469-1527), 57
2.10 Thomas More (1478-1535), 63
2.11 Jean Bodin (1530-1596), 65
2.12 Giordano Bruno (1548-1600), 67
2.13 Bernardino Telésio (1509-1588), 71
2.14 Tommaso Campanella (1568-1639), 75
2.15 Leonardo da Vinci (1452-1509), 79
2.16 Considerações finais sobre os pensadores renascentistas, 83
2.17 A revolução científica, 84
2.18 Nicolau Copérnico (1473-1543), 85
2.19 Galileu Galilei (1564-1642), 87
2.20 Isaac Newton (1643-1727), 91

O empirismo, 100
3.1 Método, conhecimento e a busca pela certeza, 102
3.2 Francis Bacon (1561-1626), 103
3.3 Thomas Hobbes (1588-1679), 111
3.4 John Locke (1632-1704), 115
3.5 George Berkeley (1685-1753), 125
3.6 David Hume (1711-1776), 131

4 O racionalismo, 152
4.1 René Descartes (1596-1650), 154
4.2 Nicolas Malebranche (1638-1715), 171
4.3 Baruch Spinoza (1632-1677), 175
4.4 Gottfried Wilhelm Leibniz (1646-1716), 184

5 O criticismo kantiano, 198
5.1 Immanuel Kant (1724-1804), 200
5.2 A crítica da razão pura, 206
5.3 A crítica da razão prática, 219
5.4 A crítica do juízo, 223

6 O movimento romântico e o idealismo alemão, 230
6.1 O romantismo e a valorização da subjetividade, 232
6.2 Johann Gottfried von Herder (1744-1803), 233
6.3 Wilhelm von Humboldt (1767-1835), 235
6.4 Johann Wolfgang von Goethe (1749-1832), 237
6.5 Friedrich Schiller (1759-1805), 239
6.6 Johann Gottlieb Fichte (1762-1814), 240
6.7 Friedrich Wilhelm Schelling (1775-1854), 244
6.8 Georg Wilhelm Friedrich Hegel (1770-1831), 249

considerações finais, 265
referências, 267
bibliografia comentada, 271
respostas, 283
sobre o autor, 291

apresentação

A *presente obra aborda* os traços fundamentais da filosofia no período histórico da civilização ocidental denominado *modernidade*. Para tanto, apresentamos os pontos essenciais das doutrinas dos principais autores que compõem o arcabouço filosófico do referido período.

Tendo em vista a magnitude da proposta, optamos por dar mais ênfase à questão que permeia a história da filosofia na modernidade, isto é, a teoria do conhecimento e as reflexões advindas das discussões filosóficas concernentes aos temas que envolvem a natureza do conhecimento. Assim, a linha condutora do trabalho é epistemológica, mas remete o leitor às considerações de caráter político pertinentes ao desenvolvimento da doutrina dos pensadores.

Há seis capítulos no presente trabalho. No primeiro, o leitor encontra as principais características do conhecimento filosófico na modernidade. No segundo, são abordadas duas temáticas: o Renascimento e a revolução científica. No terceiro e no quarto capítulos, temos, respectivamente, considerações sobre o empirismo e o racionalismo, doutrinas filosóficas que identificam sobremaneira a modernidade em âmbito filosófico. Tendo em vista a monumental envergadura e relevância do tema para a filosofia, todo o quinto capítulo é dedicado à filosofia de Kant; por fim, na última parte, são objetos de estudo o romantismo e o idealismo alemão.

Os capítulos que constituem a obra partem de um ponto introdutório com vistas à contextualização do assunto que será trabalhado. Posteriormente, há a apresentação dos principais expoentes que compõem o movimento filosófico em questão e cujas obras marcaram o dado período. Após a explanação sobre os mais importantes pontos da doutrina de cada pensador, são informadas as principais obras escritas pelo filósofo e o ano de sua publicação.

Na sequência, na seção "Síntese", o leitor dispõe de um resumo dos pontos abordados no capítulo. Na seção "Atividades de autoavaliação", são apresentadas algumas questões para que o leitor possa aferir se conseguiu absorver efetivamente o conteúdo contemplado no decorrer do capítulo. O gabarito encontra-se no fim da obra.

Na seção "Atividades de aprendizagem", temos as "Questões para reflexão" e algumas propostas de atividades práticas em conformidade com a temática de cada capítulo. Há, ainda, a indicação de materiais culturais (filmes e *sites*) relacionados aos assuntos tratados.

No fim do livro, reservamos um espaço para a indicação de literatura pertinente aos temas e autores abordados, com breves comentários sobre as obras recomendadas.

Esperamos que o presente trabalho seja um ponto de referência para o leitor, um material capaz de inspirá-lo a realizar indagações que apontem para novos rumos de pesquisa e que, por fim, o levem ao encontro da reflexão que enobrece e refina, da reflexão que gera o respeito à diversidade e à tolerância.

Boa leitura.

*organização
didático-pedagógica*

E sta seção tem a finalidade de apresentar os recursos de aprendizagem utilizados no decorrer da obra, de modo a evidenciar os aspectos didático-pedagógicos que nortearam o planejamento do material e como o aluno/leitor pode tirar o melhor proveito dos conteúdos para seu aprendizado.

Introdução do capítulo

Logo na abertura do capítulo, você é informado a respeito dos conteúdos que nele serão abordados, bem como dos objetivos que o autor pretende alcançar.

Síntese

Você conta, nesta seção, com um recurso que o instigará a fazer uma reflexão sobre os conteúdos estudados, de modo a contribuir para que as conclusões a que você chegou sejam reafirmadas ou redefinidas.

Indicações culturais

Ao final do capítulo, o autor oferece algumas indicações de livros, filmes ou sites que podem ajudá-lo a refletir sobre os conteúdos estudados e permitir o aprofundamento em seu processo de aprendizagem.

Atividades de autoavaliação

Com estas questões objetivas, você tem a oportunidade de verificar o grau de assimilação dos conceitos examinados, motivando-se a progredir em seus estudos e a se preparar para outras atividades avaliativas.

Atividades de aprendizagem

Aqui você dispõe de questões cujo objetivo é levá-lo a analisar criticamente determinado assunto e aproximar conhecimentos teóricos e práticos.

Bibliografia comentada

Nesta seção, você encontra comentários acerca de algumas obras de referência para o estudo dos temas examinados.

1

Contexto histórico
e características
gerais da filosofia
na Idade Moderna

Para que possamos compreender o pensamento filosófico forjado na Idade Moderna, é necessário que conheçamos alguns aspectos que delimitam a "identidade" da modernidade em cotejo com o período histórico que a antecede, a Idade Média.

Assim, teremos a clara noção de como o homem medieval percebia a realidade e as mudanças que aconteceram na passagem de um contexto histórico a outro, mudanças com as quais o homem moderno caracteriza o mundo ao seu redor. É importante relacionarmos tais aspectos comparativos ao desenvolvimento do pensamento filosófico moderno, pois as mudanças culturais são fruto de um lento processo de novas ideias que, paulatinamente, tomam conta do contexto cultural, promovendo uma nova perspectiva e um novo horizonte de análise em diversos campos do saber.

Dessa forma, surge a pergunta: Quais são essas novidades que delimitam a modernidade como período? É de fundamental importância conhecermos os aspectos gerais da modernidade na ética, na política, na teoria do conhecimento e no desenrolar dos principais fatos históricos.

1.1
Contexto histórico

Iniciemos o estudo com dois acontecimentos que delimitam o início e o fim da Idade Moderna. Em termos históricos, ela se iniciou com a tomada de Constantinopla pelos turcos-otomanos, em 1453, e perdurou até 1789, com a Revolução Francesa.

No entanto, em termos filosóficos, as datas não apresentam a mesma precisão e, mais do que isso, inexiste unanimidade quanto ao ponto exato em que se inicia o pensamento moderno e quanto ao momento em que ele termina. Assim, adotaremos o seguinte critério: iniciaremos o estudo segundo o pensamento filosófico dos séculos XV e XVI, com os pensadores do Renascimento, e terminaremos com a abordagem do movimento romântico e do idealismo alemão, até meados do século XIX.

Dessa forma, será possível a compreensão das condições filosóficas em virtude das quais emergiu o pensamento moderno e em que ponto ele culminou. Ao procedermos dessa maneira, vamos valorizar menos a data pontual em que determinado período da história do pensamento ocidental iniciou ou terminou e mais os movimentos filosóficos em sua completude. Assim, haverá ganho quanto à compreensão das tendências filosóficas de cada período.

1.2
As mudanças na sociedade

No final da Idade Média, o feudo, núcleo social e econômico do período medieval, entrou em crise e não conseguiu mais proporcionar às pessoas condições mínimas para a subsistência. Tal fato ocorreu em razão de uma série de problemas, relativos desde ao cultivo inadequado das terras até à desordem social com guerras que devastavam o que os homens construíam.

Interessa-nos, nesse aspecto, apontar que, com a desintegração do feudo e do sistema político-feudal, foi desenvolvida uma nova forma de organização social. Essa formação era caracterizada pela relação de vassalagem entre o suserano, dono do feudo, e o vassalo (trabalhador). Este era quem efetivamente trabalhava na terra cedida pelo dono. O produto do trabalho do vassalo era quase totalmente destinado ao suserano e havia, ainda, obrigações pelas quais os vassalos deviam pagamento aos seus empregadores. As principais atividades de produção feudal eram a criação de animais e o cultivo de produtos agrícolas, e poucos materiais eram trazidos de fora do feudo. O comércio era mínimo, e a troca de mercadorias era um expediente pautado pela mera necessidade do momento.

Com a falência do sistema feudal, o comércio passou a ser desenvolvido como fonte de sobrevivência e assim nasceram os primeiros centros urbanos, que, posteriormente, seriam desenvolvidos com o crescimento populacional, resultado de um período de relativa paz no continente europeu, fato que impulsionou o comércio com o desenvolvimento de rotas comerciais. Nesse contexto, o comércio e o artesanato floresciam como atividades econômicas, e o ambiente urbano se desenvolvia plenamente, o que também favorecia a prática comercial. É dessa conjuntura que nasce uma nova classe social: a **burguesia**.

A economia europeia cresceu de tal forma que investidas econômicas em novos continentes foram efetivadas. Ocorreu, assim, a expansão marítima e comercial, que tinha como intuito a busca por novos mercados de consumo, mão de obra barata e novos locais que proporcionassem matéria-prima que pudesse ser manufaturada. Tal empresa foi realizada por várias nações europeias, que, ao financiarem expedições, chegariam ao continente africano, ao sudeste da Ásia e à América. Para nós, o mais relevante é que todos esses fatos mostram como o regime econômico feudal fora deixado para trás; em decorrência do desenvolvimento do comércio, surgiu o capitalismo, um regime econômico que privilegiava a propriedade privada e em que os meios de produção eram destinados à obtenção de lucro. É exatamente desse contexto que nasce a nova classe social que mencionamos, a burguesia, a qual teve enorme influência em decisões políticas no decorrer da modernidade.

> Com o advento do capitalismo, avultaram os negócios de empréstimos e descontos. Os bancos cresceram e difundiram-se e tornaram-se cada vez mais necessários e mais poderosos. Eles financiaram o comércio e a indústria. Assim como a burguesia em geral financiou as empresas de descobrimento, conquista e colonização. Banqueiros, comerciantes e industriais pertenciam à classe burguesa. Desta forma, a burguesia foi crescendo em poder e importância, e começou a exigir os direitos políticos que ainda lhes eram negados. (Becker, 1980, p. 355)

Para que o comércio prosperasse, a classe burguesa exigia segurança no território, de modo que o roubo (e o prejuízo a ele inerente) fosse coibido. Mais do que isso, a burguesia exigia a centralização do poder político nas mãos dos reis. Tal exigência promoveu a formação das monarquias nacionais europeias, que tinham o apoio tanto da burguesia quanto da nobreza. O rei concentrava em suas mãos diversos poderes, como os de julgamento de lides, decretação de leis e estabelecimento de tributos.

À medida que emergia a monarquia nacional, emergia também o **Estado moderno** como manifestação política da modernidade. Este tinha certas características fundamentais em sua formação, como o idioma comum entre os habitantes, a precisa delimitação territorial, a formação de um exército para manutenção e defesa do território e a balança comercial favorável.

A economia do Estado moderno estava pautada no mercantilismo*. Este, por seu turno, tinha por objetivo o fortalecimento do Estado em face do desenvolvimento do capitalismo e apresentava regras definidas de forma a incentivar a economia pela industrialização e pelo protecionismo alfandegário. O Estado intervinha na economia promovendo o controle de preços e de tarifas que deveriam ser cobradas da população. Além disso, o mercantilismo promovia o acúmulo de ouro e prata (metais nobres) para a nação, que poderia ou não ser considerada rica de acordo com a quantidade acumulada de metais.

A característica política do Estado moderno era o absolutismo monárquico, representado pela grande concentração de poder nas mãos de uma só pessoa, o rei. Vários pensadores formularam teses

---

* O mercantilismo é uma doutrina econômica que propõe o fortalecimento interno da economia dos Estados por meio de medidas de proteção econômica e de intervenção do Estado na economia.

para justificar essa forma de governo, como Thomas Hobbes e Nicolau Maquiavel (abordaremos o pensamento de cada um deles oportunamente). A obra de ambos é justamente uma resposta a esse período da história política do Ocidente.

É nesse ambiente de fortalecimento econômico das nações que emerge um movimento cultural que representará os ideais da burguesia e uma nova perspectiva da realidade: o **Iluminismo**. Caracterizados em um movimento filosófico, os pensadores iluministas propuseram novos ideais em várias áreas do conhecimento, que impactaram positivamente a forma pela qual o homem concebia a sociedade, a política, a filosofia e a economia.

Em síntese, os conceitos iluministas promoviam o ideal de liberdade, a valorização do indivíduo e da propriedade e a tolerância religiosa. Para os iluministas, a monarquia absolutista se tornara um regime que se mostrava desequilibrado e repleto de excessos e que promovia a injustiça. No contexto político, podemos citar pensadores como Rousseau, Montesquieu e Voltaire. Quanto ao primeiro, chamemos a atenção para duas obras: *O contrato social* (1762) e o *Discurso sobre a origem da desigualdade entre os homens* (1754). Na primeira, Rousseau trabalha a questão da "vontade geral", a valorização da vontade do povo para que o Estado pudesse promover a igualdade jurídica necessária, que levaria à justiça. Na segunda obra, temos a valorização da vida natural do homem, completamente contrária à vida social que corrompe e vicia o indivíduo. As ideias desse pensador francês foram muito importantes, porque serviram como esteio intelectual para a revolução de 1789 na França.

Montesquieu foi autor da obra *O espírito das leis* (1748), na qual propôs a separação dos poderes que compunham a entidade estatal para que, pela mútua vigilância entre os membros integrantes dos poderes, fosse possível evitar o abuso da autoridade estatal para com os cidadãos. Dessa forma, a garantia da justiça e da liberdade do indivíduo em face do Estado tornava-se mais robusta e presente diante da arbitrariedade absolutista. Nos escritos de Voltaire, podemos notar, sobretudo, o caráter de tolerância em face da posição antagônica, isto é, o respeito de manifestação de uma opinião mesmo que ela fosse contrária à opinião vigente.

Em termos econômicos, a intervenção estatal não era vista como prática sadia por parte do Estado, sendo o livre jogo do mercado comercial entre a oferta e a procura a prática que deveria permanecer vigente. São nomes de vulto quanto ao impacto econômico das ideias iluministas dois pensadores: Adam Smith e François de Quesnay. A obra de Adam Smith intitulada *Uma investigação sobre a natureza e as causas da riqueza das nações* (1778) representa o ideal econômico liberal da economia, que rechaçava qualquer forma de intervenção e promovia o livre jogo da oferta e da procura como sistemática de mercado. Além disso, Smith afirmava que o trabalho era a verdadeira fonte de riqueza da economia, e não o lastro de metais preciosos. François de Quesnay, por sua vez, foi representante da corrente fisiocrata de economistas, os quais pregavam a valorização da agricultura como fonte de riqueza e a ausência da intervenção do Estado na economia.

Em termos filosóficos, houve a valorização do **conhecimento científico** e a crença na **faculdade racional do homem**. De fato, nesse ponto, podemos afirmar que temos como grandes expoentes as figuras de Immanuel Kant, René Descartes, como precursor do Iluminismo ao fundar o racionalismo, e John Locke, considerado efetivamente o "pai" do Iluminismo por seus escritos relativos à política e ao conhecimento (trataremos das concepções filosóficas de Kant, Descartes e Locke em capítulos próprios).

As ideias iluministas promoveram a base ideológica para três acontecimentos relevantes em termos políticos, que são divisores de uma era a outra na história do Ocidente: a Revolução Francesa (1789), a Revolução Inglesa (1640) e a Independência dos Estados Unidos (1776).

1.3
A ética

A *ética na* Idade Média tinha como fundamento as questões religiosas. O pano de fundo da moralidade eram os escritos sagrados que ofereciam padrões comportamentais.

Assim, para que a felicidade fosse encontrada, era necessário agir segundo os ditames sagrados e, mais do que isso, compreender que o conceito de *virtude* estava vinculado com a aceitação e a obediência aos mandamentos. Em outras palavras, a perspectiva religiosa era o prisma pelo qual determinada atitude era considerada como correta (válida) e outra como incorreta (inválida).

Com o desenvolvimento do Renascimento, surgiram novas concepções sobre o mundo e o papel do homem no mundo. As novas ideias renascentistas desembocaram na questão ética, com a redescoberta do sentido que os gregos davam à palavra *ética*: os meios para alcançar a felicidade e o bem-estar do homem pelo próprio homem. Enquanto os padrões morais contidos nas sagradas escrituras proporcionavam o pano de fundo moral na Idade Média, no Renascimento as investigações se voltaram para o próprio ser humano e para indagações sobre a natureza das qualidades humanas – antes o homem era visto como um pecador pela doutrina cristã.

Enquanto as preocupações do homem da Idade Média se voltavam principalmente para a esfera espiritual, para a vida futura e, com isso, para Deus, as atenções do homem da Renascença – que, graças as descobertas científicas e geográficas, vai descobrindo aos poucos a beleza e a grandeza da natureza e do homem – voltam-se para este mundo e para a vida terrena: o mundo e a vida terrena adquirem, aos seus olhos, um valor próprio e não são mais unicamente símbolos ou instrumentos para se chegar a Deus. (Mondin, 2013, p. 12)

O desenvolvimento da investigação acerca da consciência humana e a valorização do gênero humano alcançaram a seara da conduta, de temas como a felicidade e a melhor forma de conduzir a vida em termos morais.

É perceptível que, à medida que as ideias afloravam no período renascentista e desembocavam na modernidade, o pano de fundo ético deixava de ter um caráter meramente religioso. Aos poucos, era o próprio homem, com sua capacidade reflexiva, que ia sendo colocado no centro das questões morais; o homem tomava ciência de sua capacidade de decisão em face das circunstâncias, estando ausente o elemento religioso.

De fato, a nova posição do homem como aquele que define por si a diferença entre uma conduta moral e imoral gerava insegurança e graves crises, pois, se antes o referencial de atitude virtuosa estava nas Sagradas Escrituras, agora o foco passava a ser o próprio ente que agia, sendo sua a tarefa definir qual a melhor maneira para isso.

Com o desenvolvimento do Renascimento e o florescimento da Idade Moderna, surgiu a noção de **autonomia** do homem para decidir sobre como agir para alcançar a felicidade.

A questão da autonomia, em termos morais, apresentou-se na Reforma Religiosa, a qual promoveu novos valores aos homens. Assim, florescia uma nova postura do indivíduo em face de Deus e do mundo.

A questão fica mais complexa quando é abordada em termos do vínculo com Deus de forma direta, isto é, sem mediadores como padres ou santos. Da Reforma resultou o protestantismo, um movimento religioso que percebeu a religião cristã sob um prisma diferente daquele promovido pelo catolicismo romano, promovendo a valorização da vida prática do trabalho e da disciplina para o trabalho, além do uso racional dos bens monetários e da noção de que a pluralidade de bens materiais (e os benefícios que eles trazem) é dádiva de Deus; o indivíduo não sente vergonha da riqueza, pois é merecedor dela.

1.4
A ciência

Podemos afirmar que foi somente a partir do século XVII que, de fato, emergiu a concepção que atualmente temos de ciência, ao relacionarmos o conhecimento científico à busca da "certeza" na formulação do conhecimento, "que incluía, em qualquer forma ou medida, uma garantia da própria validade" (Abbagnano, 2000, p. 136). Ou seja, uma forma de saber que justifica "sua validade demonstrando suas afirmações, isto é, interligando-as em um sistema ou num organismo unitário no qual cada uma delas seja necessária e nenhuma possa ser retirada, anexada ou mudada, é o ideal clássico da ciência" (Abbagnano, 2000, p. 136).

Anteriormente, na Idade Média, questões de cunho teológico tomavam conta do ambiente intelectual, e a análise da dinâmica dos fenômenos e do método a ser seguido para o desenvolvimento do verdadeiro conhecimento sobre os fatos naturais não era objeto de preocupação dos pensadores medievais. O objeto de pesquisa era o esclarecimento de questões religiosas, que envolviam, por exemplo, a questão da Trindade ou a da imortalidade da alma.

A partir da efervescência intelectual promovida pelo Renascimento, ocorreu o primeiro passo para a valorização da natureza e da dinâmica dos fenômenos. Tal tendência pode ser constatada com a **revolução científica**, que, apesar de estar voltada para o conhecimento astronômico, proporcionou uma nova forma de investigação da realidade; como consequências desse novo método, surgiram construções teóricas fascinantes, como o sistema copernicano heliocêntrico. As reflexões que permitiram que o conhecimento científico fosse efetivado e desvinculado do aspecto religioso e animista que preponderava antes do nascimento da ciência foram iniciadas com os pensadores renascentistas e tomaram volume com Copérnico, Galileu Galilei e a física de Newton.

No entanto, é com René Descartes e Francis Bacon que efetivamente "nasce a modernidade". De fato, veremos que Descartes é considerado o primeiro filósofo da Idade Moderna; ele proporcionou os pressupostos metafísicos necessários ao desenvolvimento do saber científico apresentando, em sua obra, a exigência do rigor da dedução e valorizando, assim, a faculdade racional. Bacon, por outro lado, teve grande mérito ao desenvolver a necessidade de uma "nova ordem" de investigação da realidade com o método indutivo, que valorizava a experiência. Enquanto alguns pensadores apostavam na razão como fundamento do conhecimento, outros, de maneira oposta, tenderam à experiência. O resultado foi o surgimento da escola empirista e da escola racionalista de pensadores perpassando a discussão sobre a validade do conhecimento e do método correto para a obtenção da verdade ao longo dos séculos. Com efeito, o resultado das reflexões na seara do conhecimento é extrapolado para outras questões filosóficas, como a ética e a metafísica.

Síntese

Neste capítulo, vimos que a história da filosofia na Idade Moderna teve seu início entre os séculos XV e XVI e seguiu até meados do século XIX. Além disso, comentamos que o declínio do regime feudal e a ascensão do capitalismo apontaram para a transição entre a Idade Média e a modernidade em termos econômicos. Destacamos também que a transição do regime feudal para o regime capitalista indicou uma nova ordem social, com a emergência da classe burguesa. Pudemos observar ainda que o movimento iluminista promoveu novos ideais em termos sociais, políticos e econômicos.

Quanto à ética na Idade Moderna, salientamos que houve a valorização do indivíduo e das liberdades individuais em face do absolutismo. Por fim, vimos que a modernidade tem como característica fundamental o desenvolvimento do conhecimento científico, isto é, a preocupação com o método adequado para alcançar a verdade.

Atividades de autoavaliação

1. Analise a afirmação a seguir e julgue se ela é verdadeira ou falsa:

    A classe social que influenciou sobremaneira o contexto social da Idade Moderna foi a nobreza, pois ela foi a favor da centralização do poder nas mãos do rei.

2. Entre as características fundamentais do Estado moderno, não podemos considerar:
    a) a língua comum falada pelos habitantes de um determinado território.
    b) limites territoriais bem definidos.

c) a formação de exércitos nacionais.
d) balança comercial desfavorável.

3. Avalie se a sentença a seguir é verdadeira ou falsa:

   A ética na modernidade pode ser caracterizada como uma ética que privilegiava o indivíduo e a liberdade individual em face do absolutismo.

4. O movimento iluminista representou um momento marcante da modernidade e trouxe em seus ideais os anseios de uma classe social em específico. Qual era essa classe social?
   a) Nobreza.
   b) Clero.
   c) Vassalos.
   d) Burguesia.

5. A reflexão moral (ética) na Idade Moderna pode ser caracterizada como:
   a) a busca da felicidade em decorrência da obediência aos preceitos religiosos cristãos.
   b) a pesquisa desenvolvida pelos filósofos no intuito de promover um padrão moral que valorizasse a vida após a morte, e não a vida terrena.
   c) a valorização do homem e da liberdade e o distanciamento dos padrões morais religiosos, promovendo a autonomia do indivíduo.
   d) a valorização da tradição ética judaica.

6. O conhecimento científico somente passou a ser considerado a partir da obra de dois filósofos. Quem são eles?
   a) Montaigne e Voltaire.
   b) Rousseau e Kant.
   c) Bacon e Descartes.
   d) Locke e Descartes.

7. Quanto às correntes empirista e racionalista, assinale a alternativa correta:
   a) Refletem as tendências a apontar, respectivamente, a experiência como fonte do conhecimento e a capacidade racional como preponderante na construção do saber.
   b) São duas correntes do conhecimento teológico-metafísico do Renascimento.
   c) São duas correntes do conhecimento que emergem no Iluminismo.
   d) A primeira refere-se ao conhecimento da doutrina cristã e a segunda, ao paganismo dos primeiros séculos depois da morte de Cristo.

Atividades de aprendizagem

Questões para reflexão

1. Qual é a importância do conhecimento científico para a modernidade e para os dias atuais desde o século XVII?

2. Até que ponto as conquistas realizadas pelo movimento iluminista em âmbito ético-político, com os ideais de igualdade e liberdade, ecoam em nosso cotidiano?

Atividade aplicada: prática

Realize um fichamento sobre os principais aspectos da Reforma Protestante e o impacto das mudanças propostas pelos reformistas em releção aos ditames católicos.

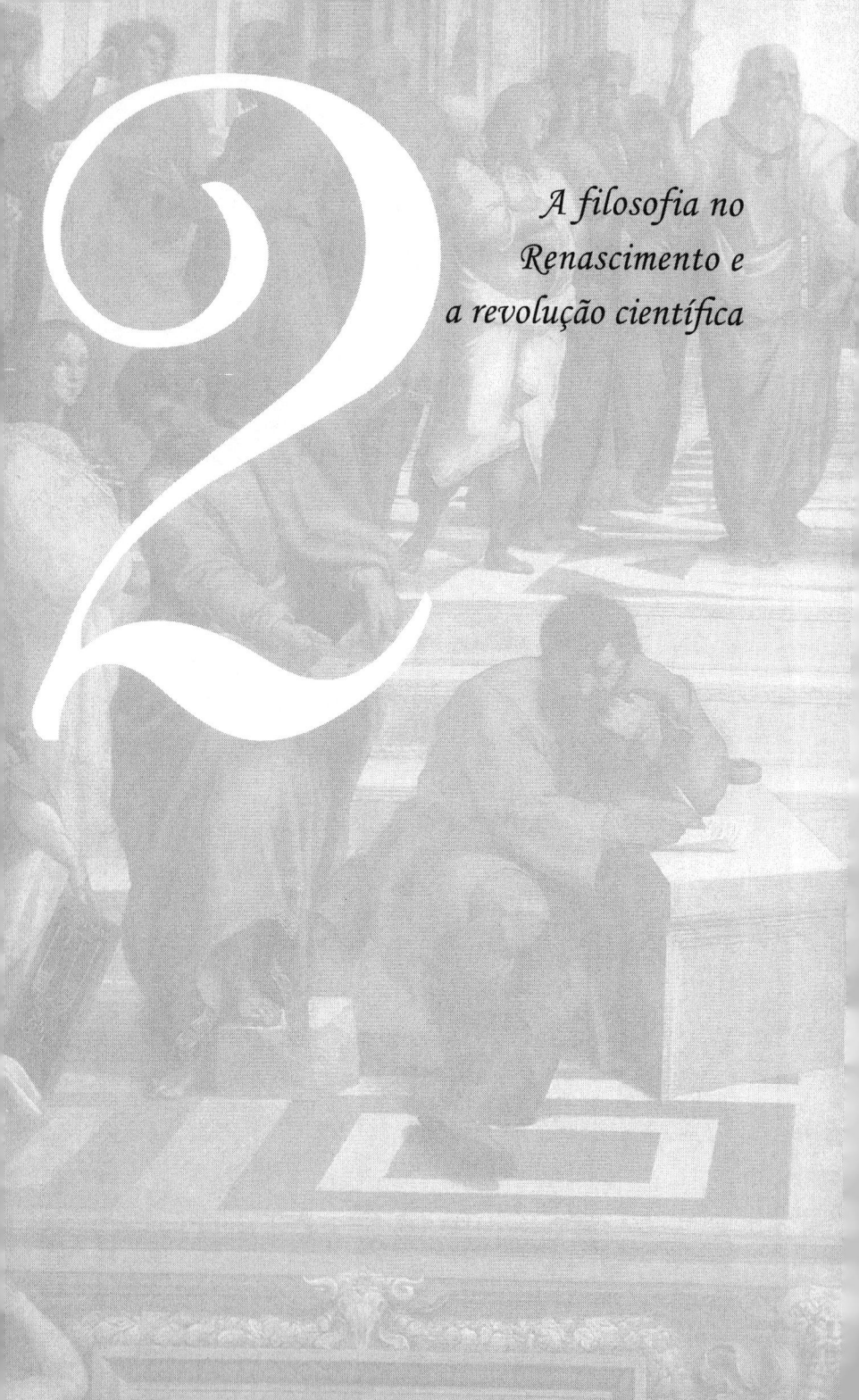

2

A filosofia no Renascimento e a revolução científica

Para que possamos examinar os aspectos gerais da Idade Moderna e, por fim, da própria história da filosofia na modernidade, vamos delimitar as causas e as consequências do movimento que foi denominado, em termos históricos, de Renascimento. Tal iniciativa é conveniente e oportuna, pois o Renascimento é um movimento que demarca o princípio da renovação cultural do legado espiritual deixado pelo fim da Idade Média e que dá azo ao surgimento da modernidade. Além disso, apontaremos os aspectos fundamentais da revolução científica logo após as considerações sobre o Renascimento. Como o leitor poderá notar, essa revolução terá impacto relevante para o desenvolvimento do método científico na figura de Galileu Galilei.

2.1
O Renascimento

Iníciemos nosso estudo pelo significado da própria palavra que designa tal período histórico. O termo *renascimento* é da lavra de Giogio Vasari, no século XVI, e caracteriza uma renovação cultural que ocorreu desde a segunda metade do século XIV até o início do século XVII, na Europa, em vários campos do conhecimento humano, que vão desde as artes, a literatura, a pintura, a escultura, a arquitetura até a seara filosófica. No entanto, vale mencionar que a percepção hodierna do termo se deve à interpretação do professor de História da Arte Jacob Burckhardt, no final do século XIX, em sua obra *A cultura do Renascimento na Itália*.

A primeira marca do Renascimento foi o **movimento humanista** dos séculos XV e XVI na Itália. Ao se dedicarem à literatura e ao estudo da cultura da Antiguidade Clássica, cultura que envolve os escritos greco-romanos, os humanistas (denominados *umanisti*) foram incentivados e inspirados a uma nova leitura da realidade, oposta aos preceitos religiosos que vigoravam na Idade Média. A reinterpretação dos escritos greco-romanos tinha como pano de fundo geral a questão do hedonismo (busca da autossatisfação) e a valorização do individualismo, do naturalismo e da experiência crítica proporcionada pelo uso da razão. Nesse contexto, devemos citar a importância da obra de Cícero, filósofo romano, e do filósofo grego Aristóteles. Cícero foi um dos maiores pensadores romanos e o responsável pela criação do vocábulo *humanitas*, que seria equivalente à *paideia* (palavra grega que designa a formação educacional) dos gregos. Além disso, seu trabalho teve grande influência nas letras e na política romana. Já os escritos de Aristóteles tiveram impacto no período da alta Idade Média, mais especificamente para os escolásticos. Os escritos aristotélicos foram encontrados no século IX pelos árabes. A partir de então, textos de Aristóteles foram traduzidos e disseminados pela Europa. O naturalismo do estagirita foi redescoberto por estudiosos e influenciou a escolástica, sobretudo pela obra do filósofo árabe Averróis, que fora comentador dos textos aristotélicos.

Você já consegue notar, nos pontos citados, a diferença cultural que esses escritos proporcionaram tendo como referência o período do pensamento medieval? Assim, enquanto podemos caracterizar o pensamento medieval como *teocêntrico**, percebemos o início de uma nova perspectiva cultural na renascença, uma mudança que desembocará em uma guinada da perspectiva teocêntrica para a antropocêntrico-naturalista, perspectiva esta que será a marca do pensamento moderno.

O humanismo pode ser considerado o "primeiro passo" de um movimento muito maior, chamado Renascimento. De fato, a forma mais correta de expressarmos precisamente o Renascimento está na expressão *humanismo renascentista*. Entendamos o humanismo como o movimento original dessa "renovação cultural" e o Renascimento como o desenlace dessas mudanças por outras cidades da Europa. Sem dúvida, o ponto geográfico que foi o epicentro do movimento renascentista é a Península Itálica. Foi justamente nessa região que ocorreu um notório crescimento de centros urbanos e um prodigioso desenvolvimento do comércio. As cidades de Roma, Siena e Florença eram os grandes centros em que textos oriundos da cultura greco-romana eram estudados. Obras até então desconhecidas foram encontradas e, por fim, professores, pesquisadores, colecionadores e eruditos trocavam informações e promoviam estudos sobre o referencial teórico dos gregos e dos romanos nos mais diversificados campos do conhecimento.

---

* *Teocêntrico* se refere, literalmente, a "Deus no centro". De forma mais específica, entendemos que as questões sobre Deus são as referências fundamentais daquele período.

Há alguns aspectos importantes que devem ser trazidos à baila sobre o surgimento e a expansão do humanismo-renascentista e o desenvolvimento da Renascença. Em primeiro lugar, a atividade dos mecenas foi relevante durante esse período. Eles eram pessoas com lastro econômico suficiente para financiar artistas e eruditos e, mais do que isso, promover a cultura em termos gerais. O segundo ponto é que, no final do século XV, aumentou vertiginosamente a possibilidade de propagação do conhecimento, não mais por cópia individual de textos, mas em grande escala, graças à prensa móvel inventada por Johannes Gutenberg em meados do século XV. A terceira questão a ser observada é a tomada de Constantinopla pelos turcos em 1473. Tal fato promoveu a fuga de estudiosos para o interior do continente europeu e, com eles, novo material relativo à cultura naturalista greco-romana foi levado para as cidades europeias.

O empenho no estudo dos textos de autores gregos e romanos proporcionou modificações no currículo escolar, a saber: o estudo do latim e do grego; o desenvolvimento do espírito analítico e da capacidade crítica; a observação da natureza e a pesquisa sobre seus fenômenos; a ausência de preocupações com temas que remetem a questões teológicas, como a questão da fé, da Trindade, da natureza de Deus ou da imortalidade da alma; e a explosão de um novo movimento artístico e de uma nova cultura.

Assim, *grosso modo*, enquanto o indivíduo no fim da Idade Média aplicava seu intelecto aos debates metafísicos e ao estudo de comentaristas de textos escolhidos, o humanista era devotado à pesquisa e à observação, à valorização do estudo dos clássicos gregos e romanos; era um cultor da arte e da erudição que buscava o aperfeiçoamento de todas as suas habilidades. O mundo natural, que outrora fora *Opus Dei*, doravante torna-se um campo de exploração e de descoberta para o indivíduo. E o humano, que antes era fruto do pecado, um penitente, um servo de Deus na Terra, passa a ser exaltado e a se tornar objeto de estudo como um ser "digno" e "maravilhoso".

A ideia de "dignidade do homem" reflete-se em termos educativos. Nessa perspectiva, é relevante chamar a atenção para mais um aspecto importante sobre a expansão do conhecimento e o currículo de disciplinas. Já mencionamos a adoção do estudo da língua grega e do latim para a compreensão dos escritos da Antiguidade – tanto um idioma como o outro são parte do legado das culturas grega e romana. No entanto, a mudança não era circunscrita apenas a essas alterações. No fim da Idade Média, entre os séculos XII e XIII, as universidades começaram a surgir e a se estabelecer em toda a Europa. Nelas, os estudantes aprendiam sete disciplinas, divididas em dois blocos. O primeiro era denominado *trivium* e o segundo *quadrivium*. No primeiro, o aluno estudava as disciplinas de gramática, retórica e lógica, destinadas ao desenvolvimento mental do estudante; no *quadrivium*, eram estudadas as disciplinas de geometria, astronomia, música e aritmética voltadas ao estudo de objetos materiais.

As modificações feitas no currículo de estudo são conhecidas pela expressão renascentista *studia humanitatis*. Tais mudanças referem-se à inserção da poesia, da filosofia moral e do grego no *trivium* e também à retirada da lógica do currículo. Sem dúvida, a poesia é a disciplina por excelência. O intuito da *studia humanitatis* era o desenvolvimento das variadas capacidades do homem para a formação de um indivíduo pleno quanto à desenvoltura das suas potencialidades. O privilégio do estudo de disciplinas específicas, como teologia, direito ou medicina – áreas de estudo até então privilegiadas nas universidades –, estava dando lugar a um ideal de variedade e completude na educação, agora destinada ao indivíduo para que ele se tornasse menos um especialista e mais um literato erudito, ou seja, um humanista.

É justamente na figura de pensadores da Renascença que podemos perceber a dimensão da influência dos escritos gregos e latinos. Vamos apontar alguns deles como referência do humanismo renascentista, para que tenhamos noção da envergadura de seu pensamento.

2.2
Francesco Petrarca (1304-1374)

André Müller

Desde o início de sua educação, Petrarca se mostrou adepto do estudo da cultura latina e da poesia. Mesmo iniciando seus esforços acadêmicos com o estudo do direito, enveredou para o caminho da poesia e da literatura.

Orador de renome e estudioso fervoroso do latim, viajou muito pelo continente europeu e coletou inúmeros manuscritos (alguns deles inéditos) das culturas grega e latina. Assim, ele possuía uma biblioteca com um invejável número de livros, tendo sido conhecido como um cultor das letras. A influência de Petrarca para a poesia foi tão grande que um movimento literário denominado *petrarquismo* surgiu após sua morte e angariou vários adeptos entre os séculos XV e XVII.

Considerado o primeiro humanista, Francesco Petrarca indicava em seus escritos a imprescindibilidade de o homem conhecer a si mesmo por meio das artes liberais. Essa noção tinha, sem dúvida, a influência dos escritos de Cícero, no sentido de valorizar a *studia humanitatis* para que o ser humano conhecesse mais a si mesmo mediante um exame de seu próprio ser e de sua própria consciência. Quando lê essas palavras, você consegue se lembrar de um projeto filosófico com a mesma nuance no âmbito da filosofia grega? Ou será que é justamente o projeto de Petrarca que se assemelha ao projeto socrático de o homem conhecer a si mesmo? Podemos notar que esse exame interno de caráter eminentemente introspectivo está associado ao conhecimento do homem como homem, do humano como humano.

Se fizermos uma leitura da filosofia grega após essas considerações veremos que, Petrarca distancia-se da filosofia aristotélica, ou seja, do averroísmo* vigente na época, e aproxima-se mais da filosofia de Platão.

Petrarca é tido como o inventor do soneto (poema composto por uma fórmula de 14 versos) e tem várias obras escritas em latim, que vão desde poemas até escritos de cunho acadêmico. Mas o ponto digno de nota desse humanista é o peso atribuído ao **uso da palavra**, o que se reflete na figura do poeta e na profundidade de suas palavras.

Do autor, ver:
- *O Cancioneiro (Il Canzoniere)* – 1327;
- *Sobre a vida solitária (De vita solitaria)* – 1346;
- *Sobre os homens famosos (De viris illustribus)* – 1351;
- *Sobre o lazer religioso (De otio religiosorum)* – 1357;
- *Triunfo (Trionfi)* – 1374.

---

* O averroísmo representa o conjunto de escritos de Averróis, pensador muçulmano que viveu no século XII e que foi conhecido como um dos grandes comentadores da filosofia aristotélica. Graças aos escritos de Averróis a doutrina filosófica de Aristóteles teve a possibilidade de ser vislumbrada no horizonte europeu em um período do pensamento ocidental em que o platonismo e o neoplatonismo tinham realce em âmbito filosófico.

2.3
Nicolau de Cusa (1401-1464)

Outra figura de grande relevância, sobretudo no século XV, foi Nicolau de Cusa. Iniciado nos estudos das artes liberais, posteriormente estudou direito canônico e recebeu a láurea; mais tarde se dedicou ao estudo da filosofia e da teologia. Foi ordenado padre e teve o reconhecimento de seu trabalho no Concílio da Basileia, quando escreveu sugerindo a união da Igreja Católica.

Quanto ao pensamento filosófico, Nicolau de Cusa ficou conhecido por três aspectos relevantes para os quais devemos chamar a atenção, sendo que um deles reflete a importância da figura do homem para o movimento renascentista.

O primeiro refere-se ao conceito de **douta ignorância**, o qual emerge justamente da busca pela verdade. De maneira mais específica, significa que, quando perquirimos sobre a verdade de uma determinada questão, podemos indagar sobre a verdade de coisas finitas e infinitas. Quando remetemos a coisas finitas, isto é, realizáveis, que têm finitude, podemos elaborar um juízo de conhecimento como verdadeiro ou falso e certo ou errado. No entanto, quando a questão remete ao infinito, tudo muda. Aquilo que é finito é mensurável e possui uma razão de proporção; mas aquilo que é infinito não é mensurável e não possui proporção. Podemos compreender a douta ignorância como a tentativa do intelecto humano (limitado e finito) de alçar-se ao infinito (ao imensurável).

O segundo ponto é a existência de uma **relação inequívoca entre o Universo e Deus**. E é justamente pelo desenvolvimento dessa relação que emerge a monumental noção de que "tudo está em tudo". Deus é o Universo, e o Universo é Deus.

Por fim, o terceiro ponto, brevemente descrito, é a noção de **microcosmo**. Se "Deus é o universo" e "se tudo está em tudo", então isso significa que a figura do homem concentra o "todo". O homem é, então, um microcosmo. No entanto, tendo em vista que possui capacidade intelectual, que elabora conhecimento, o homem apresenta singularidade perante o todo, porque consegue perceber a relação entre o todo e a extensão do todo na unidade e também a unidade no todo.

Eis uma passagem interessante sobre a mente do homem que ilustra como Nicolau de Cusa a percebe:

Considero que a mente (do homem) é a mais simples imagem da mente divina, entre todas as imagens da COMPLICAÇÃO *divina. A mente é a imagem primeira da complicação divina, entre todas as imagens da complicação divina. A mente é a imagem primeira da* COMPLICAÇÃO *divina, que* COMPLICA *todas as suas imagens na sua simplicidade e na sua virtude de* COMPLICAÇÃO. *Deus, com efeito, é a* COMPLICAÇÃO *das* COMPLICAÇÕES *e a mente, que é a imagem de Deus, é a imagem da* COMPLICAÇÃO DAS COMPLICAÇÕES. (Cusa, citado por Reale Antiseri, 1991a, p. 69, grifo do original)*

---

*   Não vamos nos prolongar na doutrina de Nicolau, mas, para esclarecemos essa ideia para o leitor, devemos observar que, quando o pensador aborda a questão referente ao vínculo entre Deus e o Universo, três conceitos devem ser levados em conta: complicação, explicação e contração. O conceito de complicação refere-se à abrangência de Deus com relação a todas as coisas no sentido de que a imagem de Deus "abarca", "angaria", "inclui" tudo.

Interessa-nos, aqui, menos a complexidade do escrito e mais a identidade entre a mente do homem e a "imagem de Deus", no sentido de que o homem é detentor de uma capacidade ímpar.

Do autor, ver:
- *Da douta ignorância* (*De docta ignorantia*) – 1440;
- *Das conjecturas* (*De conjecturis*) – 1445;
- *Defesa da douta ignorância* (*Apologia doctae ignorantiae*) – 1449

2.4
Pico della Mirandola (1463-1494)

Há vários pensadores marcantes da época da Renascença, mas não é honroso discorrer sobre os ícones do pensamento ocidental durante esse momento histórico sem nos referimos àquele que foi considerado a "fênix dos gênios" pelo grau de erudição alcançado em sua breve trajetória de vida*.

A obra monumental da vida de Pico é o livro intitulado *Conclusões* (ou *Teses*), que contém 900 teses. E sobre o que elas versavam? Envolviam um audacioso projeto que abarcava várias áreas do saber, que iam desde a magia, passando pela cabala e pela filosofia. O projeto era de tal envergadura que "expressaria em um compêndio unitário, o denominador comum de todas as correntes do pensamento humano" (Mirandola, 2008, p. 16). É válido

André Müller

---

* Pico della Mirandola morreu com apenas 31 anos.

ressaltarmos a formação que o autor teve: ele aprendeu até mesmo a língua hebraica para realizar seus estudos sobre a cabala.

O ponto que desejamos evidenciar na doutrina de Pico é a temática da **dignidade do homem**, em seu célebre escrito *Discurso sobre a dignidade do homem*, considerado o "manifesto da Renascença", que serve como introdução às 900 teses.

É relevante que você note como o ente humano está sendo exaltado, como suas capacidades são evidenciadas perante a realidade que o circunda. Há algo de especial no homem que as outras formas de vida não têm. É justamente nos escritos de Pico que encontramos, de forma clara e límpida, essa noção de exaltação, de veneração da dignidade que o ser humano detém.

A dignidade está na ideia de que o homem pode "construir a si mesmo", porquanto é um ser livre e usufrui de sua liberdade segundo seu arbítrio. Diferentemente de outros seres, não existe rigidez predeterminada na natureza humana. **O ser humano edifica a si próprio** e é justamente por esse caráter de "construção de si" que o ser humano é considerado um verdadeiro milagre. No próprio texto de Mirandola encontramos uma passagem que remete a esse fato:

> Tenho lido, respeitabilíssimos senhores, nos livros antigos dos árabes, que Abdala, o Sarraceno, questionado a respeito de que coisa se lhe oferecia à vista como mais notável sobre o cenário deste mundo, respondeu nada haver de mais admirável do que o próprio homem. Com essa sentença concorda aquela exclamação de Hermes: Ó Asclépio, que portento de milagre é o homem! (Mirandola, 2008, p. 37)*

Além disso, no trecho seguinte, você pode perceber qual é a posição do homem em relação aos outros seres, haja vista suas potencialidades:

---

* A célebre frase em latim *"magnum miraculum est homo"* é da lavra de Hermes Trismegisto, que consta na obra *Asclépio*.

> A mim que excogitava o significado de tais afirmativas, não me haviam persuadido as tantas razões aduzidas por muitos sobre a excelência da natureza humana, a saber, que o homem é o mensageiro da criação, o parente dos seres superiores, o rei das criaturas inferiores, o intérprete da natureza inteira pela agudeza dos sentidos, pela inquirição da mente e pela luz do intelecto; que é ainda o traço da ligação entre a eternidade imóvel e o tempo transitório; ou então, no dizer dos persas, a cúpula; ou melhor, o himeneu de todo o universo; enfim um pouco menor que os anjos [...].
> (Mirandola, 2008, p. 37-38)

Eis o motivo da admiração de Pico pelo homem:

> isso acontece [admiração] em virtude da condição que lhe coube em meio a todo o universo, de sorte a tornar-se alvo de inveja não só para os seres inferiores como até para os astros e mesmo para as inteligências ultraterrestres. Esse fato incrível e estupendo [...]. O homem, na verdade, é reconhecido e consagrado, com plenitude de direitos, por ser, efetivamente, um portentoso milagre. (Mirandola, 2008, p. 38)

Do autor ver:
- *Discurso sobre a dignidade do homem* (Oratio de hominis dignitate) – 1480;
- *Conclusões filosóficas cabalísticas e teológicas* (Conclusiones philosophicae cabalisticae et theologicae) – 1486;
- *De ente et uno* – 1480.

2.5
Michel de Montaigne (1533-1592)

Destacamos anteriormente o impacto dos escritos latinos e gregos nos pensadores renascentistas. De fato, precisamos levar em conta o impacto das filosofias helenísticas para a Renascença, no intuito de demonstrar como os renascentistas recepcionaram essas filosofias e como estas inspiraram esses pensadores. Mais especificamente, vamos tratar da filosofia dos céticos e de seu fomento no século XVI pelas palavras de um pensador excepcional: Michel de Montaigne.

O **ceticismo** foi uma doutrina filosófica que despontou no século IV a.C. e teve como grande expoente Pirro de Elis (360 a.C.-275 a.C.). Posteriormente, outros pensadores céticos apareceram no contexto do pensamento da época e deram continuidade à doutrina pirroniana. Alguns desses nomes são: Sexto Empírico, Antíoco de Laodiceia, Enesidemo e Timon (discípulo de Pirro). É justamente através do formato do ceticismo elaborado por Sexto Empírico que veremos a doutrina cética produzir "ecos" de inspiração no pensamento renascentista. Esses "ecos" estão presentes, sobretudo, na filosofia de Michel de Montaigne.

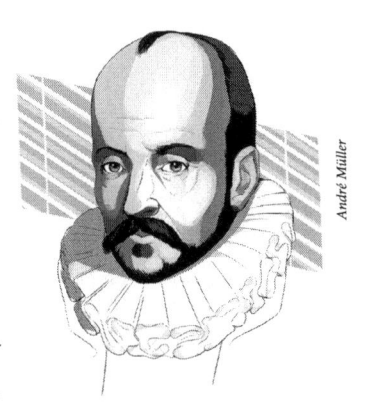

Mais uma vez, no rastro do pensamento da Renascença, é o homem o objeto de investigação. Todavia, agora, temos o viés do ceticismo iluminando esse objeto. E o que encontramos nas palavras de Montaigne? Seus escritos remetem à ideia da filosofia grega sobre a **necessidade de o homem conhecer a si mesmo** – o famoso "conhece-te a ti mesmo" de Sócrates.

Mas qual é o motivo da necessidade do conhecimento de si mesmo? Por que tal exame? Da mesma forma que a filosofia helenística trabalhava com a questão da felicidade, vemos esse ponto análogo na filosofia de Montaigne, quando ele expressa que a filosofia proporciona a sabedoria que nos conduz a uma vida feliz. No entanto, é preciso esclarecer que o epicentro da questão é o indivíduo com suas circunstâncias particulares que não podem ser generalizadas na forma de uma "sabedoria universal". A particularidade de cada indivíduo, seu contexto único, é a via de uma única sabedoria: a sabedoria do próprio indivíduo que investiga o "conhece-te a ti mesmo".

A obra de Montaigne, ou seja, a forma como ele manifesta seus pensamentos por meio de ensaios, revela um novo formato de filosofia. Não há um sistema ou uma doutrina rígida que apresenta axiomas e com base nestes propõe deduções rigorosas. Pelo contrário, o pensamento de Montaigne remete aos clássicos no sentido de ter contextos (temas) para a reflexão. No entanto, não deixa de tratar de assuntos de sua época e do momento político em que vivia.

De fato, é digno de nota que Montaigne tomou o homem como objeto de análise mais no sentido de sua vida cotidiana, de sua vida corriqueira e menos no sentido platônico ou cristão. Montaigne aplicou sua inteligência à análise do "eu" e de suas possíveis nuances e desse estudo chegou até a humanidade. Vejamos as palavras do próprio Montaigne (1972, p. 371-372):

> Outros autores têm como objetivo a educação do homem; eu o descrevo. E o que assim apresento é bem mal conformado. Se o tivesse de refazer, faria sem dúvida bem diferente. Acontece que já está feito. Os traços deste seu retrato são fiéis, embora variem e se diversifiquem. [...] Não posso fixar o objeto que quero representar: move-se e titubeia como sob o efeito de uma embriaguez natural. Pinto-o como aparece em dado instante, eu não pinto o ser. Eu pinto a passagem [...] se minha alma pudesse tomar pé eu não ensaiaria, eu me decidiria: ela está sempre em aprendizagem e à prova. Eu exponho uma vida baixa e sem lustre, é indiferente. Liga-se também toda filosofia moral tanto a uma vida popular e privada quanto a uma vida de matéria mais rica: cada homem traz em si a forma inteira da condição humana.

Os escritos do filósofo francês renegaram a filosofia escolástica de maneira contundente, no sentido de apontar a incapacidade da razão em dar explicações cabais sobre temas diversos.

De fato, nem a razão nem os sentidos podem proporcionar a "verdade suprema", porque o homem é um ser inconstante, um transeunte (com sua vida) que, em certos momentos, tem uma postura sobre determinado assunto e, em outros, comporta-se como um rebuliço dos ventos, muda de direção quanto àquilo que considera certo ou errado. A vida do homem é incerta e inconstante.

Apesar de ter como perspectiva o homem e a vida comum e cotidiana, ao contrário de Mirandola, Michel de Montaigne apontava para a miséria da condição humana em face desse movimento errante da existência e das dúvidas, dos antagonismos e das incertezas; miséria porque o homem alça ser, por meio de sua ilimitada imaginação, a criatura suprema da criação, a única capaz de ser testemunha privilegiada; por outro lado, Montaigne era consciente da vaidade humana – justamente por observar a vida comum do homem – e do quão vil esse mesmo homem pode ser.

Do autor, ver:
- *Ensaios* – 1580.

2.6
Martinho Lutero (1483-1546)

Vamos conhecer um pouco do pensamento renascentista voltado para a seara religiosa. Nesse sentido, é de extrema importância que você compreenda o impacto do pensamento de Martinho Lutero, João Calvino e Erasmo de Roterdã, pois são três ícones cujas obras causaram verdadeira revolução no cristianismo vigente na época.

Comecemos com o pensamento de Lutero. A relevância da doutrina luterana é tamanha que podemos pensar em uma percepção do cristianismo antes e depois de seus escritos. Com efeito, o Renascimento provocou uma renovação no pensamento da época, e tal convulsão alcançou o terreno da religião, promovendo o desejo por uma renovação espiritual da fé. A vontade de renovação de cunho religioso era o que motivava Lutero.

Tomemos como ponto de partida a influência espiritual da escolástica e de toda a tradição cristã medieval. Ademais, lembremo-nos do prestígio do pensamento aristotélico e da tradição cristã refletida nos escritos dos consagrados padres da Igreja (patrística). Lutero não tinha receio de pregar aos quatro ventos **os vícios dessas duas influências para a questão da fé**.

O primeiro ponto a ser questionado era se a capacidade racional do homem tinha substância suficiente, no sentido de ter pleno domínio sobre a vida e a conquista da salvação. O segundo é o ranço deixado pelas interpretações dos textos sacros pela tradição. Era preciso vislumbrar um novo horizonte para a fé, e Lutero era o desbravador que buscava o novo caminho, isto é, uma via que reformasse e propiciasse nova perspectiva à religiosidade cristã.

Para realizar efetivamente uma "reforma religiosa", era preciso voltar ao Evangelho, da mesma forma que vários renascentistas tomaram como inspiração os textos greco-latinos. No entanto, como já comentamos, o empenho luterano estava em uma renovação religiosa; mesmo assim, ele retornou à fonte primitiva do cristianismo. Por que isso ocorreu? Para Lutero, era preciso ler o Evangelho de uma nova maneira, de uma forma completamente revolucionária, que ia de encontro à forma tradicional de leitura das Escrituras tal como era realizada até aquele momento histórico. Em outras palavras, a leitura tradicional que perdurara por tanto tempo impregnou o texto sagrado de tal forma que tais interpretações fizeram o texto perder a vitalidade e o vigor de seu real significado. A tradição enfraqueceu o texto sacro. E o que o pensador estava procurando nas Escrituras quando propôs a nova leitura? Ele buscava, sobretudo, uma **justificativa para a fé**.

Assim, em primeiro lugar, era preciso ter acesso às Escrituras desprendido de qualquer forma de interpretação mediata. A verdade foi revelada nas Escrituras (e somente nelas), e não por um comentador. É preciso ir direto à fonte de forma completamente autônoma e sem interferência. Dessa necessidade surgiu a possibilidade de livre interpretação dos textos sagrados. Logo, o mais comum dos homens podia pregar a palavra e ter acesso a ela: a autoridade da hierarquia da Igreja era colocada em xeque.

A ligação direta entre homem e Deus era exaltada. Em suma, se o indivíduo soubesse ler em latim ou em grego ou se o texto bíblico fosse traduzido, ele poderia ter acesso ao conteúdo das Escrituras. Assim, Lutero traduziu a Bíblia do grego para a língua alemã; a publicação foi efetivada no ano de 1522. Ocorreu, dessa maneira, a proliferação do texto sacro em linguagem popular.

Em segundo lugar, vale notar a crença do pensador unicamente na fé em detrimento da razão. Esse ponto é importante, porque Lutero caminhava de encontro à valorização do homem e do livre arbítrio, tão exaltados pelos humanistas. Somente a fé podia salvar o homem, não a racionalidade; daí a justificativa de a fé ser exaustivamente procurada pelo pensador na Bíblia.

Nesse aspecto, Lutero foi frontalmente contrário aos humanistas e às *studia humanitatis* como formação do homem. Mas notemos mais um aspecto importante de suas ideias: é a pura fé que salva o homem, e não o pagamento que ele dá por sua salvação (indulgências) ou pelas obras que realiza. A repulsa às indulgências e às obras como justificativa da fé se tornou marcante no pensamento de Lutero, e esse pensamento provocou reformas relevantes. Uma delas foi a possibilidade de as missas serem rezadas na língua da comunidade local; como já citado, elas podiam ser realizadas até mesmo por uma pessoa que não era, especificamente, um sacerdote católico. Outra marcante diferença foi a abolição de imagens representativas e de santos. Essas e outras mudanças fizeram parte de um conjunto de transformações denominadas como *Reforma Protestante*.

Do autor, ver:

- *As 95 teses contra o comércio das indulgências* – 1517;
- *À nobreza cristã da nação alemã* – 1520;
- *Prefácio à epístola dos romanos* – 1522.

2.7
Erasmo de Roterdã (1466 [1469]-1536)

Como Erasmo percebia a questão religiosa no período da Renascença? A virtude e a salvação estavam presentes em uma vida cristã com base na simplicidade dos preceitos deixados por Cristo. Isso significa que toda a celeuma labiríntica das discussões eclesiásticas somente fez complicar e deformar a maravilha da mensagem cristã que, de forma simples e coesa, transmitia a verdade. Eis a necessidade de uma "renovação", de uma "reforma" que alijasse o brilho natural da mensagem cristã do resquício sufocante da excessiva teorização.

Em que base teórica encontramos esse "brilho natural" do cristianismo? Segundo Erasmo, ele não estava em coleções de livros exegéticos, mas na própria Bíblia e, mais especificamente, nas Epístolas de São Paulo e no Evangelho.

Para Erasmo, a prática do cristianismo associava-se à experiência socrática do "conhecer a si mesmo", no sentido de ter uma vida voltada à prática cristã, isto é, uma vida voltada para os benefícios que a sabedoria cristã proporciona.

Na obra de Roterdã *Elogio da loucura*, é, possível termos acesso à ideia que se tornou característica da figura de Erasmo, a ideia de **loucura**. Essa ideia central na obra erasmiana e está vinculada a uma série de situações que estão ligadas ao que o pensador denomina *loucura*. Em outros termos, o conceito tem matizes que, de um lado, apontam para a questão da fé e, em outro extremo, para as características mais nefastas do ser humano.

No entanto, explicar a noção de loucura na obra de Erasmo representa algo mais profundo, que está associado à própria vida. Mais especificamente, temos a figura do cristão que se despe de todos os seus bens, de toda a sua riqueza material, que perdoa o inimigo, que se entrega à vida sacerdotal de humildade, resignação e abstinência. Pois é justamente nesse homem que temos a perspectiva da loucura (que homem é esse senão um louco?) vinculada à fé. Ademais, ainda no campo da fé, considerada o apogeu da loucura, podemos citar aquele indivíduo que, de forma hipnótica, está absorto em uma contínua sensação de alegria e felicidade (religiosa), estado semelhante ao de um louco (se visto pelo olhar do homem comum). Em ambos os exemplos podemos notar um caráter de desvelamento que permite a real percepção do homem de fé, a qual aponta para a verdade da fé como um "despertar para a verdade" vinculado à loucura.

> Do autor, ver:
> - *O elogio da loucura* – 1511.

2.8
João Calvino (1509-1564)

Calvino é considerado o fundador de uma corrente do protestantismo denominada, contrariamente à sua vontade, *calvinismo*. Extremamente influenciado pelo humanismo quando jovem, Calvino posteriormente enveredou para o âmbito religioso, tendo como contexto teórico a Reforma Religiosa e, como ponto geográfico, a cidade de Genebra, local em que sua doutrina teve forte propagação para, posteriormente, adentrar outros territórios.

Lutero e Calvino concordam em um ponto para o qual devemos chamar atenção: a fonte dos preceitos de Deus é a **Bíblia**; ela é única, certeira e de inabalável confiança. Nenhum outro veículo literário se compara a ela. Tampouco há espaço para imagens representativas. É inequívoco que a fé, tanto para Lutero quanto para Calvino, tem papel fundamental na questão da salvação e na valorização da religiosidade acima de qualquer estrutura ou hierarquia social. Além disso, a importância do caráter de obediência à vontade divina está explícita em ambos.

Em que ponto existe diferença entre o luteranismo e o calvinismo? Calvino potencializa a temática da **Providência**. Na doutrina calvinista, a Providência representa a extensão da vontade de Deus de maneira global e irrestrita aos acontecimentos. Isso significa que os juízos elaborados pelo homem ou as decisões por ele tomadas, assim como a trajetória do pássaro que ele vê cruzando o céu e seu pouso em determinada árvore, são fatos determinados, e absolutamente nada escapa ao curso do desígnio divino, desde os fatos mais irrelevantes até os mais significativos.

Outro ponto que o calvinismo enobrece de maneira pujante e que deriva da Providência é a questão da predestinação. Todos os acontecimentos relativos ao indivíduo seriam provenientes da vontade de Deus, de maneira que os infortúnios ou a graça, o aniquilamento ou a salvação estariam predestinados em conformidade com uma vontade maior.

Do autor, ver:
- *Instituição da religião cristã* (*Christianae religionis institutio*) – 1536.

2.9
Nicolau Maquiavel (1469-1527)

Vamos passar às consequências do pensamento renascentista para a seara política. A Renascença proporcionou uma quebra de paradigma nesse campo tão enérgica quanto a proporcionada no aspecto religioso. O primeiro pensador que veremos é Nicolau Maquiavel.

O primeiro passo para compreendermos a filosofia de Maquiavel é ter em mente quais eram as condições políticas da época em que o filósofo vivia, mais especificamente, a condição política da cidade de Florença, local onde ele residia, e das outras cidades que compunham a Península Itálica.

Florença era uma cidade-Estado organizada em termos políticos sob um regime republicano e constituía um dos principais centros populacionais da península. Enquanto outros territórios do continente europeu, na porção ocidental, já estavam unificados sob o signo da monarquia, a Itália encontrava-se fragmentada em um conglomerado de cidades.

Outro ponto importante que devemos considerar é a carreira política seguida pelo pensador. Maquiavel exercera uma função semelhante ao ofício de diplomata, com o propósito de cuidar dos interesses da cidade de Florença. Foi justamente na execução de tais tarefas que ele teve acesso ao comportamento das autoridades da época e presenciou acontecimentos políticos dos mais diversos. O objeto de estudo sobre o qual sua filosofia versaria estava delimitado: a **política**, o **poder** e o **governante**.

O que chama a atenção para os escritos do pensador florentino é a forma como ele aborda a questão política. Vamos ressaltar esse aspecto antes de adentrarmos nas próprias considerações do filósofo, para que você entenda como ele analisou o fenômeno. De início, lembremos que no período medieval havia um vínculo entre o poder (Estado) e a religião; já para os gregos, havia um vínculo entre a ética e a política.

Em que ponto essas perspectivas foram mantidas na filosofia de Maquiavel? Elas não foram. O filósofo acabou por abordar a questão política de forma completamente autônoma, ou seja, a política vista pela própria política, e não por sua ligação com outra área de saber. Essa perspectiva foi a marca fundamental da análise de Maquiavel, diferenciando-o de forma radical de outros pensadores da mesma seara. De fato, cabe afirmar que a filosofia política do florentino inaugurou uma ciência (no sentido de disciplina a ser estudada) política: uma ciência dos fatos políticos que tinha como objetivo o estudo dos fatos pelos próprios fatos.

Assim, sua empreitada filosófica compreendeu, especificamente, a ascensão do soberano ao poder e a manutenção do poder por ele. O pano de fundo dessa investigação eram os acontecimentos políticos e as circunstâncias políticas que pautaram determinadas posturas tomadas pelo príncipe, que favoreceram ou não sua permanência no poder. Quais atitudes foram corretas para tal permanência? Quais foram equivocadas? Qual foi o contexto em que tal atitude foi tomada e quais foram as consequências de tal atitude em termos políticos? Maquiavel tinha a história como sua aliada nessa pesquisa. Foi através dos acontecimentos históricos que ele analisou a tomada de posição de cada governante em consonância com o contexto para, dessa maneira, verificar (e prever) erros cometidos por governantes no passado que podiam ser evitados no presente e no futuro.

Dedicado a Lourenço de Medici*, a obra mais conhecida de Maquiavel, *O príncipe*, não deixa de ser um "manual" sobre os atos de um governante para se manter no poder. O mais interessante é que o pensador abordou diferentes relações que o governante mantinha com o povo, o clero, seus inimigos, aliados, o exército etc. De fato, a manutenção do poder depende muito dessa relação entre comandante e comandados e das ações necessárias (por vezes, cruéis) para que o *status* do comandante seja mantido. Isso significa, por exemplo, que, com relação aos súditos, é oportuno que o governante tome medidas para que seja temido, pois o

---

* Governante de Florença.

temor gera respeito, e o adversário titubeia antes de tomar uma medida contra quem teme. Além disso, Maquiavel ressaltou o quão produtivo era para o príncipe manter uma relação de amizade, com o povo, com destaque para os benefícios que tal relação podia trazer ao governante:

> Concluirei somente que é necessário a um príncipe que o povo lhe vote amizade; do contrário, fracassará nas adversidades. Nabis, príncipe dos espartanos, suportou o longo assédio de toda a Grécia e de um exército romano poderosíssimo, e contra eles defendeu a pátria e o Estado. Bastou-lhe apenas, quando o perigo sobreveio, assegurar-se de poucos; não lhe bastaria isso, se o povo fosse seu inimigo. E a quem estiver contra esta minha opinião, baseado naquele velho provérbio que diz que quem se apoia no povo tem alicerces de barro, direi que isso é verdade quando um cidadão acredita que o povo o liberte quando estiver, por acaso, oprimido pelos seus inimigos ou pelos magistrados. Nesse caso, são frequentes os enganos, como os Gracos em Roma e messer Giorgio Scali em Florença. Tratando-se, porém, de um príncipe que saiba comandar e seja homem de coragem, que não se abata nas adversidades, não se esqueça das outras precauções e tenha com seu próprio valor e conduta incutido confiança no povo, jamais será enganado por este e verá que reforçou seus alicerces.

(Maquiavel, 1996, p. 69)

Posteriormente, quanto ao exame das virtudes de um príncipe, o pensador político discorreu sobre a diferença entre o governante ser cruel e ser piedoso:

> tenho a dizer que cada príncipe deve desejar ser tido como piedoso e não como cruel: apesar disso, deve cuidar de empregar convenientemente essa piedade. Cesar Borgia era considerado cruel, e, contudo, sua crueldade havia reerguido a Romanha e conseguido uni-la e conduzi-la à liberdade e à fé. O que, bem considerado, mostrará que ele foi muito mais piedoso do que o povo florentino, o qual, para evitar a pecha de cruel, deixou que Pistóia fosse destruída. Não deve, portanto, importar ao príncipe a

qualificação de cruel para manter os seus súditos unidos e com fé, porque, com raras exceções, é ele mais piedoso do que aqueles que por muita clemência deixam acontecer desordens, das quais podem nascer assassínios ou rapinagem. É que estas consequências prejudicam todo um povo, e as execuções que provêm do príncipe ofendem apenas um indivíduo. E, entre todos os príncipes, os novos são os que menos podem fugir à fama de cruéis, pois os Estados novos são cheios de perigo. (Maquiavel, 1996, p. 97)

O conceito de *virtù* emerge justamente das qualidades que o príncipe deve ter para alcançar o poder e se manter nele. A *virtù* deve ser tomada no sentido de engenhosidade, coragem e de capacidade de previsão e de labor das variáveis que compõem uma determinada situação, para que o resultado seja favorável àquele que a manipula. É um conhecimento prático em favor da aquisição e da manutenção do poder. Em suma, o príncipe deve ser dotado de empenho e virilidade no sentido de saber enfrentar as situações adversas e aproveitar as favoráveis à sua ascensão e à manutenção no poder. Há momentos em que deverá ser honesto e, em outros, desonesto; às vezes, cruel e, em outras situações, misericordioso; deve agir ora com humanidade, ora de forma desumana. A forma como agirá dependerá da "leitura" da situação. Dessa habilidade interpretativa dos acontecimentos temos o conceito de *virtù*.

Notemos a completa separação entre a ética e a política, pois é justamente por essas características do conceito de *virtù* que verificamos a impossibilidade de os preceitos cristãos conduzirem a conduta do governante. Ou seja, a *virtù* nada tem a ver com valores como a compaixão cristã. Mais do que isso, a política não pode ser vinculada a qualquer forma de preceito moral universalmente válido, pois, segundo Maquiavel, as circunstâncias do momento, juntamente com a engenhosidade do soberano, promovem a ação voltada ao fim (vínculo ao poder). Em outros termos, os fins (de aquisição ou de manutenção do poder) justificam os meios utilizados.

Temos, dessa forma, o conceito de ética voltado única e exclusivamente para a **práxis***. A ética foi separada dos princípios cristãos, mas também não deve estar obrigatoriamente vinculada à política no sentido de esta representar o "bem da coletividade". Como citado anteriormente, o objetivo é a ascensão e a manutenção do poder, e todos os atos destinados a tal fim são válidos. Assim, podemos afirmar que a ética na filosofia política de Maquiavel pode ser considerada como pragmática e laica. Certamente, críticas ao pensador de Florença não faltaram quanto ao aspecto moral na política, pelo fato de o elemento religioso ser deixado de lado na análise da conduta do governante, sobretudo na época em que a obra foi publicada, muito conturbada politicamente**, ou seja, no ano de 1531 (publicação póstuma).

A ética voltada aos aspectos práticos tem papel relevante quando associada ao conceito de **fortuna**. A fortuna está vinculada às características de dada circunstância ou momento, ou seja, ao conceito de acaso ou de destino, no sentido de que essas circunstâncias podem ou não ser favoráveis aos desígnios daquele que almeja o poder. Se elas forem favoráveis, é preciso que o soberano tenha *virtù* no sentido de melhor aproveitá-las. Se elas não forem favoráveis, é preciso que o soberano tenha *virtù* no sentido de ter habilidade suficiente para fazer a situação se reverter ao seu favor. Vejamos as palavras do pensador de Florença sobre a relação entre a *virtù* e a fortuna (Maquiavel, 2008, p. 120):

> *Comparo a sorte a um desses rios impetuosos que, quando se irritam, alagam as planícies, arrasam as árvores e as casas, arrastam terras de um lado para levar a outro: todos fogem deles, mas cedem ao seu ímpeto, sem poder detê-los em parte alguma.*

---

* O termo *práxis* deve ser compreendido, em sentido amplo, como a ação prática que tem como antagonista a ação teórica.

** Referimo-nos aqui à fragmentação política italiana e à instabilidade de governo na cidade de Florença.

Mesmo assim, nada impede que, voltando a calma, os homens tomem providências, construam barreiras e diques, de modo que, quando a cheia se repetir, ou o rio flua por um canal, ou sua força se torne menos livre e danosa. O mesmo acontece com a Fortuna, que demonstra a sua força onde não encontra uma Virtù ordenada, pronta para resistir-lhe e volta o seu ímpeto para onde sabe que não foram erguidos diques ou barreiras para contê-las. Se considerares a Itália, que é sede e origem dessas alterações, verás que ela é um campo sem diques e sem qualquer defesa; caso ele fosse convenientemente ordenado pela Virtù, como a Alemanha, a Espanha e a França, ou esta cheia não teria causado as grandes mudanças que ocorrem, ou estas em sequer teriam acontecido.

Tanto pela *virtù* quanto pela fortuna é possível a aquisição do poder. No entanto, é pela *virtù* que o governante pode domar a força impetuosa da fortuna (destino), e não apenas se submeter a ela. Temos em cena a temática da autonomia do agir do homem em face das circunstâncias que o circundam. Não pode passar desapercebida a capacidade do homem de intervir na realidade (arbítrio); mais ainda, a noção de realidade efetiva deve ser levada em conta, ao invés da perspectiva idealista cristã sobre como a realidade deve ser.

Do autor, ver:
- *Discurso sobre a primeira década de Tito Lívio* – 1517;
- *O príncipe* – 1532.

2.10
Thomas More (1478-1535)

Nascido em Londres, o inglês Thomas More é considerado um dos grandes nomes do Renascimento quando a temática se refere à questão política. Foi advogado e participou da vida política de seu tempo, ocupando postos de relevância. Não abriu mão de sua fé, tendo sido um católico fervoroso. More foi condenado a morrer por não aceitar que Henrique VIII assumisse o posto de comandante da Igreja. Thomas More foi considerado santo pelo Papa Pio XI no ano de 1935.

Dentre as obras escritas por More, a que mais teve impacto (e aquela pela qual ele é até hoje lembrado) foi *Utopia* (a palavra *utopia* significa "lugar nenhum" e representa o caráter imaginativo do autor relacionado a um mundo ideal). Nela, o pensador relata o que o jovem Rafael Hitlodeu presencia quando, em uma viagem, chega até uma ilha cujo nome é *Utopia*.

Importa-nos aqui observar que as dinâmicas sociais relatadas por Hitlodeu na ilha de Utopia fazem menção aos problemas que More presenciou em sua época, bem como às suas possíveis soluções. Assim, na ilha inexiste divisão de classes sociais, como também não há propriedade privada. Todos os habitantes trabalham em um regime de remanejamento das diversas atividades para que não ocorra sobrecarga de trabalho. O labor tem período de tempo determinado (seis horas por dia), para que haja possibilidade de o cidadão dedicar-se a atividades de lazer. O uso do dinheiro foi abolido. Em termos religiosos, há a liberdade de culto e o respeito à diversidade de manifestações religiosas. Ocorre, outrossim, a adoração à paz pelo povo da ilha.

Interessa-nos o valor idealista de uma **sociedade mais igualitária e menos injusta**, que se materializa na forma como os habitantes da ilha se organizam. Essa organização social é mais do que uma "resposta" às injustiças sociais, mais do que um "grito de revolta"; é, na verdade, uma aspiração que está no bojo do imaginário humano. Ao trabalhar com o vínculo entre realidade e ficção, More retratou o caráter humanista de sua obra, ressaltando o repugnante contraste entre o que as coisas eram e o que elas deveriam ser em diferentes instâncias da vida coletiva. É dessa forma que a obra *Utopia* tem relevância quanto ao aspecto político.

Do autor, ver:
- *Utopia* – 1516.

2.11
Jean Bodin (1530-1596)

Jean Bodin começou a ser educado como sacerdote em um monastério carmelita. Posteriormente, foi para a universidade e teve acesso à educação humanista. Estudou direito romano e foi professor de direito em Toulouse. Além disso, foi conselheiro político e escreveu livros sobre diversos temas, que vão desde economia até filosofia natural.

Podemos caracterizar o filósofo francês, de acordo com sua influência histórica para o pensamento político, como um pensador que proporcionou a justificativa teórica do absolutismo monárquico. De fato, tal característica não é digna de passar ao largo de citação, porque a monarquia absolutista viria a ser o regime de governo predominante nos países do continente europeu a partir do século XVII.

O conceito basilar da obra de Bodin é o de **soberania***. O filósofo entendia como soberania a capacidade de estabelecimento da lei sem a aquiescência daquele que deverá obedecê-la. Ou seja, é desnecessário averiguar a opinião do povo sobre determinada regra geral. Tal capacidade de imposição de uma norma é permanente, isto é, não há prazo para seu fim. Somente dessa maneira seria possível conceber um Estado, porque é justamente pela soberania absoluta do Estado que toma corpo o vínculo entre as diferentes instituições sociais e os diferentes indivíduos que habitam o território. Sem a soberania (e a figura do soberano), o Estado seria impensável.

No entanto, há parâmetros claros para o exercício da soberania. Bodin apontou três limites: o primeiro é a lei divina; o segundo, a lei natural; e o terceiro, o direito (leis da ética). Devemos prestar atenção ao fato de que, no caso do pensamento político de Bodin, há critérios que delimitam a atitude do soberano, os quais (teoricamente) ultrapassam sua vontade. Mesmo sendo possuidor de poder para estabelecer a lei, o critério final do exercício do soberano está limitado às esferas representadas pelos parâmetros acima citados.

Outro ponto relevante dos escritos de Bodin é a **questão religiosa**. O pensador valoriza um denominador comum espontâneo e naturalístico a todas as religiões e, dessa forma, ressalta mais a tolerância entre os diferentes credos do que as possíveis antipatias. Assim, o respeito às concepções heterogêneas em termos religiosos tomava corpo.

Do autor, ver:
- *Os seis livros da república* – 1576.

---

* Devemos entender a palavra *soberania* no sentido da possibilidade e da autoridade do soberano de exercer o controle por meio do poder político.

2.12
Giordano Bruno (1548-1600)

Na verdade, o nome Giordano Bruno foi dado ao filósofo quando ele ingressou em um monastério para tornar-se sacerdote. Seu nome de batismo era Filipe. Inúmeros foram os processos instaurados contra Giordano Bruno pelas palavras que pronunciava e escrevia, mas um dos que mais o marcou foi aquele em que era acusado de assassinato contra um monge que o havia denunciado.

Tantos foram os processos que o filósofo decidiu partir para outro país, no intuito de dispersar os ânimos acalorados pelos processos. Ele foi para a Suíça e por lá permaneceu por pouco tempo, entrando em atrito com os teólogos. O mesmo problema ocorreu em sua estadia na Inglaterra com os teóricos em Oxford e na passagem que teve pela Alemanha, ao entrar em choque com os luteranos.

O golpe final contra Bruno veio quando ele retornou para a Itália com o objetivo de ensinar uma técnica de memorização (mnemotécnica) da qual tinha grande domínio. Lá, ele acabou sendo denunciado por um discípulo. Após tentativas de retratações e outros processos que foram propostos contra o filósofo, sua morte ocorreu no ano de 1600, tendo sido queimado em uma fogueira.

Giordano Bruno pode ser considerado um expoente único da Renascença tanto pela sua trajetória de vida como pela envergadura e complexidade de seu pensamento filosófico. Quanto à vida, Bruno passou por vários países europeus e foi "convidado a se retirar" de alguns deles por defender sua posição em face das polêmicas intelectuais que pairavam sobre o "espírito conturbado da Renascença". Veremos, a seguir, que a proposta de Bruno foi uma verdadeira "subversão", se comparada à ortodoxia do cristianismo.

Quais foram as bases da revolução proposta pelo pensador italiano? No cerne do pensamento de Bruno, está a noção de **magia**, mais especificamente uma "mágica religiosa" que retorna ao paganismo neoplatônico, aos deuses gregos e, além disso, ao caráter da "religião egípcia". Esse movimento "mágico-renascentista", destoante da pureza do cristianismo, fora detectado na obra de alguns pensadores renascentistas, como Ficino. Este, por exemplo, havia traduzido obras de Hermes Trismegisto, Zoroastro e Orfeu (entre outros) por considerar que os magos-profetas eram uma fonte riquíssima de sabedoria que antecedia até mesmo aos escritos dos filósofos gregos. Ademais, Ficino realizara comentários sobre os escritos de Platão e sobre o neoplatonismo. No pensamento desse filósofo, que se considerava um "mago", podemos verificar a identidade entre a filosofia e uma forma de "inspiração" ou de "iluminação" de caráter "mágico revelador". Todavia, há notória identidade entre o caráter "mágico filosófico" e os preceitos cristãos.

Giordano Bruno acabou por adotar uma postura mais radical e se distanciar do cristianismo. Os escritos brunianos foram em direção a um projeto religioso de inspiração egípcia, que teve por estrutura os escritos herméticos e uma concepção neoplatônica.

Os escritos herméticos fazem referência ao *Corpus Hermeticum*, escritos que sintetizam uma amálgama cultural entre os pensamentos grego, egípcio, cristão e romano.

Daí ser possível compreender a "revolução" e o impacto da filosofia do pensador italiano, se considerarmos o período histórico efervescente da Renascença, sobretudo em termos religiosos: enquanto o protestantismo emergia em cena e a Contrarreforma tomava posição no cenário religioso, enquanto o ambiente "mágico hermético" ainda mantinha acesa a importância de relatos míticos que antecediam aos gregos, Bruno ia ao encontro da questão religiosa apontando a necessidade de **revivescência**, tomando como ponto de partida a **religião egípcia e o paganismo***. **A verdadeira religião fora a egípcia, e o culto aos deuses fora sufocado pelo cristianismo**. Você consegue imaginar o impacto de tal ideia no momento histórico em que Bruno vivia?

Assim, notemos que o filósofo enveredou para longe do cristianismo e de seus contemporâneos, porque sua proposta representou uma ruptura tão brusca com os padrões vigentes que acabou por assinalar, com efeito, a criação de um novo horizonte religioso, completamente estranho ao seu tempo, tão estranho que pode ser considerado uma "nova religião" de inspiração egípcia e neoplatônica.

Bruno iniciou seus escritos pela temática da arte de memorização, denominada *mnemotécnica*. A arte da memorização era um tema antigo, que tinha suas raízes na prática da oratória. Na verdade, era uma técnica voltada para a recordação dos discursos e para a prática de argumentação e da organização de conceitos, se recuperado o motivo de seu surgimento.

No período do Renascimento, a discussão sobre a arte de memorização entrou em cena, e o filósofo italiano veio a ser um expoente único do método. No entanto, a contribuição de Bruno para a mnemotécnica estava impregnada com aspectos de caráter mágico (os quais não tiveram vínculo com a técnica a partir dos escritos de Bruno, mas que já estavam sendo adotados com ela desde o revivescimento da mnemotécnica no período renascentista). A magia estava associada com determinadas imagens que, quando memorizadas, faziam um enlaço entre a mente

---

* A palavra *paganismo* deve ser compreendida como o conjunto de religiões que não tinham como vertente a tradição judaico-cristã, apresentavam forte aspecto mítico e eram dotadas não de um Deus único, mas de múltiplas figuras que representam deuses.

do indivíduo (mago) e a "mente divina". Resulta dessa operação um aumento do atributo da recordação e de outras faculdades.

Um dos pontos mais marcantes da filosofia de Giordano Bruno é sua concepção de **infinitude do universo**. Com efeito, Bruno afirmou a relação entre o divino e a natureza de maneira panteísta (o termo refere-se à ideia de identidade entre Deus e a natureza). Há um princípio que antecede todas as coisas (um intelecto universal) e do qual tudo o que existe deriva.

Ocorre, assim, a identidade entre o princípio (intelecto universal) e suas derivações, de tal forma que aquilo que deriva contém o todo. Mais do que isso, há identidade entre o intelecto universal e a variação das coisas em termos de suas diferentes formas: ocorrendo a mutação, permanece o substrato do todo. O que acontece é a expansão do intelecto universal em diferentes formas. Essa maneira de pensar pode ser caracterizada como uma filosofia imanente, isto é, há uma associação entre a matéria e o intelecto universal que dá a forma à matéria.

Para Bruno, o Universo era infinito, e isso porque seu princípio é também infinito. Assim, não haveria apenas um planeta, mas infinitos planetas. Da mesma forma, o princípio estaria presente em todas as partes, ou seja, o Universo é infinito porque o todo está contido na parte e todas as coisas têm todas as coisas. Nada há que pereça em definitivo no Universo; as coisas se transformam em formas distintas de um único ser, daí a infinitude.

Quando abordamos a filosofia de Giordano Bruno, não pode passar desapercebida a clara aceitação pela filosofia bruniana do heliocentrismo*

---

* Doutrina astronômica em que o Sol é posicionado no centro do sistema e os planetas giram em torno dele. O vocábulo *geocentrismo*, por outro lado, refere-se à doutrina segundo a qual o planeta Terra está posicionado no centro do sistema e os outros planetas giram em torno dele.

copernicano, embora este tenha como pano de fundo apenas a matemática, e a filosofia do italiano, a magia e o hermetismo. Em primeiro lugar, esse "aplauso" para Copérnico tinha fundo religioso porque se harmonizava com o culto ao Sol primordial (e aqui remetemos ao neoplatonismo e à religião egípcia) como intelecto universal, em relação à posição central dada ao respectivo astro por Copérnico. Em segundo lugar, porque colocava em xeque a postura dos aristotélicos-ptolomaicos, que afirmavam a finitude das coisas (os primeiros) e a posição central da Terra em relação aos outros astros (os segundos). Em outros termos, estavam abertas as portas para a infinitude do Universo.

Do autor, ver:
- *O candeeiro* – 1582;
- *A ceia de cinzas* – 1584;
- *A causa, o princípio e o uno* – 1584;
- *Acerca do infinito, do Universo e dos mundos* – 1584;
- *O despacho da fera triunfante* – 1584;
- *Sobre o imenso e o inumerável* – 1591.

2.13
Bernardino Telésio (1509-1588)

O valor do pensamento de Telésio é formidável. Trata-se de um dos últimos suspiros do período renascentista, de grande influência para a filosofia renascentista com ecos nos escritos de autores como Tommaso Campanella.

Quanto à vida do filósofo, devemos destacar para sua formação educacional. O primeiro ponto relevante é que ele teve, no início de sua educação, formação humanista – o que era de se esperar, tendo em vista o momento histórico e cultural em que viveu. Posteriormente, teve acesso à filosofia de Aristóteles, estudou a natureza pelo prisma da filosofia e pode ter tido acesso aos ensinamentos da medicina.

Telésio viajou por várias cidades da Itália e, em vida, conheceu a fama pela veiculação de seus escritos, que tiveram trânsito por intermédio da Academia Consentina, academia que levava o nome da cidade de Cosenza, na Itália, e da qual o filósofo fora membro.

O ponto culminante do pensamento telesiano está em suas considerações sobre a **física**.Comentamos anteriormente sobre a influência das concepções mágicas e herméticas nas considerações filosóficas de autores renascentistas. De fato, não podemos pensar a filosofia na renascença sem esse ingrediente que foi propagado desde os escritos de Ficino, passando por Pico e tendo impacto também na obra de Giordano Bruno.

A novidade em Telésio está justamente na ausência de elementos mágicos e herméticos. Somente tal consideração já seria suficiente para apontar a importância da obra telesiana, mas há ainda um outro ponto a ser considerado. A física era uma disciplina atrelada à filosofia aristotélica. Esta, por sua vez, remete ao "princípio primeiro", ao "motor imóvel", isto é, à metafísica. Em resumo, a física aristotélica precede a metafísica.

No entanto, o pensamento do filósofo italiano pende somente para a investigação dos princípios da natureza e nada além dessa perspectiva. Além disso, a explicação dos fatos naturais não concernem ao âmbito metafísico (referimo-nos ao teor divino ou a uma alma universal que sustenta a realidade). **A explicação do fato natural é procurada na natureza do próprio fato e não em um aspecto que o transcende.**

O corte realizado na busca pelo princípio explicativo dos fatos naturais entre o físico e o "além do físico" culminou na autonomia da natureza como campo investigativo próprio. É desnecessário adentrar outra instância; basta perquirir à própria natureza a explicação dos fatos naturais. O resultado dessa secção entre os campos investigativos (físicos e metafísicos) ficou consagrado na filosofia de Telésio, a ponto de estudiosos afirmarem que o filósofo realizou uma **redução naturalista**. Essa redução remete à ideia de autonomia do ramo investigativo que tem como objetos os fatos naturais, ou seja, a própria física. Referimo-nos à semente originária da evolução da autonomia de uma categoria de investigação que tem por base a dinâmica dos próprios fatos analisados.

Assim, consideremos a física de Telésio em seu aspecto primordial. Para o pensador, a natureza é acessível ao homem e é possível compreender as razões pelas quais os fatos naturais são como são pela análise da própria natureza, como vimos. Qual é o caminho de acesso a essa análise? O caminho de acesso ocorre pelos **sentidos**.

Em outras palavras, a própria natureza apresenta um caráter meramente sensitivo. Eis um ponto ser destacado, uma vez que, nesse aspecto, as considerações telesianas destoam do aristotelismo e, mais ainda, da fonte neoplatônica sorvida por alguns filósofos da renascença.

Dessa forma, tendo como ponto de partida a questão dos sentidos como via de acesso à natureza, o pensador fixou o princípio supremo de todos os fenômenos naturais em duas forças naturais sentidas pelo homem: o **calor** e o **frio**. Todos os fenômenos naturais derivam dessas forças e da relação entre elas. Você consegue lembrar quais filósofos investigavam a natureza e lhe atribuíam um mecanismo de mudança dos fenômenos? A concepção de que a natureza tem em si o princípio originário de todas as coisas e de que esse princípio é parte da própria natureza remete aos filósofos pré-socráticos, aos físicos gregos.

As considerações feitas até este ponto referem-se à física em geral e abarcam os seres humanos como seres que são parte do todo. Desse modo, o próprio ser humano pode ser explicado de forma "natural", inclusive em relação à moralidade. É justamente por esse viés que podemos observar a questão da forma pela qual se processa o conhecimento, como um meio que irá "abrir as portas" para futuras considerações sobre a natureza do saber.

Como vimos, os sentidos têm papel relevante na dinâmica pela qual se conhece a natureza pela própria natureza; por meio deles, temos acesso aos "procedimentos da natureza". As variações que ocorrem em termos naturais, isto é, o movimento das coisas, a sensação de calor, de frio, são recepcionadas por uma instância que os seres humanos possuem e que percebe aquilo que os sentidos captam. Essa instância é o que o pensador denomina como *espírito*. É o espírito que capta a mudança e as transformações.

Assim, para Telésio, **a origem e o fundamento do conhecimento estão nos sentidos**. A discussão sobre o caráter originário do saber e a função da racionalidade e dos sentidos na concepção do conhecimento será de fundamental importância para a Idade Moderna.

Quanto ao aspecto moral, na obra telesiana podemos notar aspectos relevantes quanto à noção da união entre elementos descrita anteriormente. As concepções de prazer e desprazer estão associadas à manutenção e ao aniquilamento do indivíduo. O bem último a ser alcançado é a manutenção do homem e a ela está atrelado o prazer; já o desprazer associa-se ao aniquilamento. O prazer "dilata" e propicia a conservação do indivíduo, e o desprazer refreia e promove a deterioração.

No entanto, é oportuno apresentarmos a diferença entre as concepções de Deus e de natureza para Telésio. Para esse pensador, a natureza poderia ser investigada pela própria natureza. A física não necessitava de pressupostos metafísicos. Mas não podemos deduzir que, pelo fato de a natureza ser investigada por suas próprias regras, o pensador refuta a ideia de Deus. De forma completamente oposta, Deus permanece presente na obra telesiana como criador e "pano de fundo" para a natureza e, por consequência, para o homem.

Como o homem tem acesso ao âmbito divino, ao religioso? Na obra telesiana, encontramos uma instância no humano que tem acesso ao divino por meio do que o filósofo denominou de *mente* (diferente do espírito, que tem acesso ao sensível). O conceito de *mente* está vinculado ao de *alma*, que é, por sua vez, imortal. Assim, podemos afirmar que o humano apresenta duas "jurisdições": uma é divina e imortal; a outra é sensitiva.

Observe que, mesmo valorizando o acesso à natureza e a capacidade que o homem tem de presenciar seus mecanismos, estão presentes a figura de Deus e a capacidade de nele pensar e de por ele ansiar.

Do autor, ver:
- *Da natureza das coisas de acordo com seus próprios princípios* (*De rerum natura iuxta propria principia*) – 1565.

2.14
Tommaso Campanella (1568-1639)

Antes de termos acesso ao pensamento de Tommaso Campanella, chamemos a atenção para alguns aspectos da vida do pensador italiano. Campanella foi astrólogo, reformador religioso e político,

André Müller

mesmo tendo frequentado o mosteiro da ordem dos dominicanos quando jovem. Sofreu mais de um processo pelo conteúdo de seus escritos e chegou a ser condenado à morte.

Além de mago metafísico e religioso, o pensador italiano envolveu-se em contendas políticas. Acabou preso e passou 27 anos de sua vida encarcerado, pois teve a pena capital comutada em pena perpétua depois de fingir que era louco. Passadas as quase três décadas, foi finalmente solto.

Posteriormente, sempre de forma conturbada, foi preso mais uma vez. Nesse momento, seu local de aprisionamento foi a cidade de Roma, mais especificamente o Santo Ofício, graças à bênção e à proteção do Papa Urbano VIII. De fato, o filósofo italiano somente teve acesso aos elogios e à glória quando esteve em Paris, no final de sua vida, vivendo sob a proteção do rei da França Luís XIII.

Sem dúvida, a filosofia de Campanella sofreu, em parte, a influência do pensamento de Telésio. Os ecos do telesianismo aparecem na obra de Campanella quando ele aponta que é preciso olhar para a própria obra divina, isto é, faz-se mister ter acesso a essa obra mais pela observação dela própria e menos por relatos paralelos contidos em livros. Os livros trazem uma perspectiva mediata cujo conteúdo apresenta a marca daquele que o redigiu. É preciso ir até a própria fonte, até a **natureza**.

De que forma ocorria esse acesso direto? Era por meio dos sentidos. No entanto, estes eram apenas uma via aberta para uma experiência mística. Quando apontamos que os sentidos são a via para a natureza, referimo-nos ao fato de o indivíduo "testemunhar" com tal grau de profundidade e de introspecção que tem uma experiência mística. O processo místico ocorre com o elo entre os significados das palavras *saber* (conhecer) e *sabor* (sentir o gosto de). Ao presenciar a obra de Deus (natureza), ocorre o "sentir o gosto" daquilo que é testemunhado.

Há uma síntese mística tão profunda nessa experiência entre o que é testemunhado e aquele que testemunha que este sente o "sabor" daquele.

É justamente nessa perspectiva que Campanella vai além do pensamento telesiano. De fato, estamos nos referindo aqui a um "mago astrólogo" da Renascença que deixou em sua obra uma proposta de síntese entre o místico e a experiência. Há, de forma inequívoca, um aspecto divino no saber.

No processo divino do saber (como sabor, como o próprio gosto daquilo que é conhecido), ocorre tanto uma perda quanto um ganho. Essa perda acontece porque há um estágio de passividade na experiência (em virtude dos sentidos). Há uma forma de "distanciamento de si", de objetivação daquilo que está sendo presenciado; ao mesmo tempo, ocorre um ganho porque, no processo do conhecimento, temos acesso àquilo que não somos nós, ou seja, a algo distinto de nós. Em outras palavras, no ato de conhecer há um distanciamento de si para a proximidade (saber) do diferente de si. Por isso, no processo do conhecimento ocorre uma mudança, no sentido de que há transformação daquele que conhece quando tem acesso aos outros seres pela experiência; ele adentra os limites do outro ser e, assim, de certa forma, "acrescenta" a si um ser que antes lhe era estranho.

De fato, a questão do conhecimento revela um caráter surpreendente na filosofia de Campanella, especialmente pela qualidade da relação que ocorre quando o sujeito conhece alguma coisa.

Mas e as coisas em si mesmas são constituídas de quê? Há pontos comuns entre as diferentes formas quando o sujeito tem acesso às coisas em geral?

Para o filósofo italiano, há três aspectos fundamentais que são como um denominador comum de tudo o que existe. Todas as coisas têm esses três aspectos: potência de ser, saber de ser e amor de ser. A esses três aspectos o filósofo denominou *primalidades do ser*. As primalidades estão presentes em todos os entes de forma única, ou seja, uma consta na outra e vice-versa. Com efeito, uma decorre da outra, pois todo ser em potência, para sê-lo, necessita saber o que é, ou seja, necessita conhecer o que é (saber de si) e, para isso, é preciso amar a si próprio. Poderíamos entender melhor a questão da metafísica de Tommaso pela via inversa. Por amar a si, o ente sabe que é e, sabendo o que é, é em potência.

Se o ente é potência de ser, é conhecer de ser e amor de ser, então, como representar a instância máxima da potência, do conhecimento e do amor de ser? Essa representação é efetivada com a noção de Deus como o apogeu da potência, da sapiência e do amor.

Campanella escreveu várias obras e, entre elas, os trinta volumes da *Teologia*. No entanto, isso não significa que suas obras de menor vulto passaram desapercebidas. É o caso de *A cidade do sol*, de que não podemos deixar de lembrar.

O livro faz menção à arquitetura e à organização social de uma comunidade cujo nome constitui o título da obra. Construída no formato de círculos que se sucedem uns aos outros na vertical (sendo o da base com maior diâmetro), a cidade é a síntese de elementos da astrologia e da magia que estão presentes na obra de Campanella. Há sete círculos que a compõem e cada um tem o nome de um planeta; há sinais desenhados nas partes interna e externa dos círculos representando simbolicamente fatos da realidade; não há propriedade privada. O regente da cidade é caracterizado como o símbolo astrológico do deus Sol, o qual é assessorado pelas primalidades (Potência, Sapiência e Amor) do ser.

Sem dúvida, *A cidade do sol* é a resposta a alguns anseios de Campanella e à própria época em que ele viveu – uma época cuja cultura se renovava e que, por outro lado, fazia da filosofia do italiano o "último suspiro" de um período cultural, pois as portas da modernidade estavam sendo abertas, e o rompimento com aspectos herméticos, mágicos e astrológicos seria impactante.

Do autor, ver:

- *A cidade do sol* – 1602;
- *Do sentido das coisas e da magia* – de 1604;
- *Apologia de Galileu* – 1622;
- *Teologia* – 1624;
- *Metafísica* – 1638.

2.15
Leonardo da Vinci (1452-1509)

Leonardo da Vinci foi uma das figuras mais ilustres do pensamento renascentista. Tal fama se deve pelos variados assuntos a que se dedicou e por sua contribuição inovadora em várias searas do saber. Interessa-nos aqui menos sua contribuição aos projetos de engenharia, hidráulicos, de arquitetura, sua obra artística (famosa mundialmente), e mais o desenvolvimento do seu pensamento filosófico – que é eclipsado pelas inovações proporcionadas em outras áreas do conhecimento.

André Müller

O primeiro ponto que devemos considerar é o distanciamento do filósofo em relação a explicações sobrenaturais. Foram relevantes, nesse aspecto, a importância do estudo da matemática e o fato de o pensador ter executado trabalhos práticos de pintura e de engenharia. Fato é que há duas instâncias muito bem delimitadas: a do conhecimento de caráter inspiracional (direcionado para questões relativas à natureza da alma, por exemplo) e a do conhecimento que pode ser adquirido pela percepção de uma ordem determinista dos acontecimentos. Podemos afirmar que a percepção de Leonardo dessa ordem determinista não tinha respaldo no caráter mágico e hermético, mas apresentava uma tendência notoriamente mecânica, que remetia à noção de causa e efeito em termos materiais.

Não há espaço para a explicação de fenômenos naturais tendo como causas aspectos sobrenaturais. Leonardo direcionou seus esforços, e até conclamou outros a fazê-lo, para interpretar os acontecimentos na natureza em conformidade com os princípios da **matemática** (da ciência da proporção), e não de maneira puramente inspiracional e mágica. Mais do que isso: temos a valorização da perspectiva matemática com a **experiência**, ou seja, com a experimentação voltada aos princípios rigorosos exigidos pela ordem matemática. Nesse ponto, Da Vinci foi inovador quando comparado aos pensadores da Renascença que adotaram o caráter mágico-hermético em suas concepções sobre a realidade.

É oportuno notarmos a relação entre a experiência e a atividade mental de refletir sobre determinado problema. Não há dúvida de que a experiência e a observação têm papel relevante para a elaboração do conhecimento, mas não de forma completa. É preciso, como já apontamos, que os dados da observação passem pelo crivo da matemática e que não sejam tiradas conclusões imprecisas (com interferência de proporção mística). Assim, enquanto os sentidos proporcionam os dados da observação, é a capacidade racional que consegue, finalmente, organizar as informações, a ponto de encontrar a razão pela qual determinado movimento (da natureza) ocorre da maneira que ocorre.

Encontrar o motivo pelo qual determinado fato acontece remete à lei geral que o rege. Referimo-nos ao aspecto teórico que é alcançado quando a lei é formulada. Existe, assim, um vínculo claro entre o teórico e a experiência; em outros termos, a razão tem seu lugar garantido na trajetória do saber, porquanto o teórico é fruto do labor racional. A razão guia e organiza, é a faculdade que dá o rumo em direção à lei geral via abstração matemática.

Podemos ter outra noção do vínculo entre a experiência e a razão nos seguintes termos: "a experiência, intérprete entre a artífice natureza e a espécie humana, ensina-nos o que essa natureza realiza, entre os mortais, obrigada pela necessidade, e como não pode atuar a não ser de acordo com o que lhe determina a razão, que é seu guia" (Da Vinci, 1997, p. 42).

Mas o que há de tão relevante na matemática? A matemática, como ciência da proporção, oferece ferramentas para avaliarmos os nexos entre a causa e o efeito, nexos que obrigatoriamente ocorrem de maneira determinada e necessária. Em outros termos, a matemática nos leva a compreender aquilo que não se obtém pela experiência. Eis as palavras do pensador italiano: "a natureza está repleta de infinitas razões que nunca foram captadas pela experiência" (Da Vinci, 1997, p. 41).

Assim, alcançamos a causa (lei) do efeito (fato da natureza). Posteriormente, voltamos para a natureza e para a experiência com o discurso feito (lei) e verificamos sua validade pela própria experiência. Nessa dinâmica entre a razão (teoria) e a experiência, esta tem papel fundamental, sendo exaltada por Leonardo da Vinci como a única forma de se conhecer realmente a natureza.

A experiência não erra, somente nossas ponderações são errôneas, ao esperarmos dela efeitos tais que não são causados pelos nossos experimentos, porque, dado um princípio, é necessário que o que lhe segue seja sua verdadeira consequência, se não houver nenhum impedimento. "A experiência não erra nunca, apenas erram as nossas ponderações, ao esperar dela coisas que não estão em seu poder" (Da Vinci, 1997, p. 43).

Notemos que com essas considerações já não é mais necessário recorrer a fundamentos que estão para além da própria natureza para explicar as causas das mudanças que nela ocorrem. Assim, a regularidade dos fenômenos naturais pode ser explicada de maneira completamente autônoma em relação aos artifícios mágicos e místicos que filósofos renascentistas utilizaram em suas concepções.

É inegável o salto qualitativo dado por Da Vinci em termos metodológicos para alcançar a verdade na elaboração do conhecimento. Esse salto trouxe uma controvérsia sobre o legado do aspecto filosófico da obra de Da Vinci para a revolução científica e para a própria modernidade. A questão sobre ele ter sido o precursor do método científico ou não ainda permanece passível de discussão. De fato, não se pode negar que Da Vinci foi um naturalista (lembremos suas contribuições para a anatomia, por exemplo); mais do que isso, um naturalista que era também artista (pintura) e um mestre na arte da proporção e das medidas (lembremos as contribuições na área da arquitetura). Entretanto, se é possível encontrarmos apontamentos voltados para a análise e observação da natureza de forma a excluir elementos mágicos como fundamento dos fatos, não podemos encontrar um arcabouço sistemático para esses apontamentos. Isso não significa que as conclusões desse filósofo perdem em termos de genialidade para as conclusões sistemáticas dos pensadores "cientistas" da modernidade; no entanto, é preciso distinguir uma época de outra. O pensamento de Leonardo da Vinci é assistemático e contém, de modo esparso, conclusões sobre as leis gerais que determinam os fenômenos, mas, além disso, contém a "semente" de uma forma de pensar que viria a tornar-se mais universal, coerente e rigorosa em sua maneira de ordenar e sistematizar aquilo que se pode observar.

Do autor, ver:
- *A proporção divina* – 1509.

2.16
Considerações finais sobre os pensadores renascentistas

O aspecto importante que devemos ter em mente é que o humanismo renascentista pregava a investigação e o exame do homem pelo próprio homem (antropocentrismo), exaltado por sua individualidade, por sua presença em um mundo concreto e envolto pela natureza, valorizando-se a vida cotidiana.

O Renascimento teve início nas cidades italianas e expandiu-se aos outros países da Europa de forma paulatina e heterogênea; por fim, deve ser considerado menos como um movimento cultural de ruptura com os padrões culturais medievais e mais como um momento distinto daquele que o antecedia. É justamente a "diversidade" com relação ao pensamento do momento histórico que o antecede o ponto significativo que qualifica sua importância.

Contudo, justificamos a análise de pontos fundamentais do Renascimento por suas consequências quanto ao aspecto filosófico para a Idade Moderna, na condição de prelúdio desta, no sentido de promover e fomentar uma nova noção de homem e de natureza.

2.17
A revolução científica

É inegável que os pensadores renascentistas trouxeram uma nova perspectiva para a forma pela qual a natureza e o próprio homem eram percebidos em termos filosóficos. O homem era exaltado por suas faculdades, e a natureza surgia como um campo a ser analisado ausente de princípios metafísicos.

Temos, por exemplo, a exaltação do homem realizada por Pico; a valorização da anatomia e do estudo da natureza pela perspectiva da matemática com Da Vinci; a física de Telésio, distante da noção metafísica e avaliando os fatos naturais pela perspectiva de elementos que compõem a própria natureza; o realismo de Maquiavel na política; e a renovação dos ditames religiosos por Lutero e Calvino, proporcionando a autonomia de o indivíduo ir à procura da divindade cristã sem a mediação de um sacerdote autorizado. Enfim, os questionamentos elaborados pelos pensadores renascentistas tiveram como resultado novas noções que abririam caminhos até então inimagináveis para a história do pensamento filosófico.

E é justamente pela via inovadora da filosofia renascentista que surge uma nova forma de questionar a natureza, dando respostas às inúmeras questões que emergem no espírito humano. Essa nova maneira pode ser designada de *revolução científica*. A revolução consiste na autonomia da filosofia perante aspectos teológicos. A teologia e a filosofia estavam fundidas no período da Idade Média. No Renascimento, tal fusão começou a se dissipar, e a filosofia iniciou seu processo de autonomia com relação à teologia. No entanto, é preciso ressaltar que o grande passo que quebrou o vínculo entre a filosofia e a teologia estava na nova maneira de percepção da natureza, maneira que, como já citamos, desvinculava-se de aspectos que ultrapassassem a dinâmica dos próprios fatos naturais. Lembremo-nos, assim, da física telesiana e da valorização da experiência no pensamento de Da Vinci e teremos, com mais clareza, o veio pelo qual a separação entre filosofia e teologia acontece; mais do que isso, entenderemos como um julgamento sobre a natureza pode ser feito tomando-se como base meramente os fatos (e não aquilo que está além dos fatos), considerando-se que o critério desse julgamento remete unicamente à razão (e não à fé).

Eis o contexto dessa nova forma de abordagem dos fenômenos, conhecida como *revolução científica*. É oportuno verificarmos as características de tal perspectiva revolucionária porque veremos seu reflexo no pensamento de filósofos da modernidade; além disso, ela é fundamental para a compreensão da filosofia moderna.

Assim, a revolução científica perpassou os séculos XVI e XVII e teve seu início com a obra de Copérnico, passando por nomes de grandes pesquisadores, como Kepler e Galileu, e culminando com a física de Isaac Newton. Podemos contar aproximadamente 150 anos de inovações impactantes em vários campos da ciência, inovações que abalariam a noção que o homem tinha de seu lugar no Universo, por exemplo. Sem dúvida, as novas descobertas proporcionaram ecos em outros campos do saber que iriam, da mesma forma, sofrer o impacto da mudança, tendo de renovar suas formulações teóricas. Chamemos a atenção para três cientistas importantes: Copérnico, Galileu e Newton.

2.18
Nicolau Copérnico (1473-1543)

A *revolução iniciou-se* com a temática astronômica e com a noção heliocêntrica formulada por Nicolau Copérnico. A noção cosmológica de Aristóteles e de Ptolomeu de que a Terra era o centro do Universo (geocentrismo) corroborava a cosmologia contida na Bíblia. Dessa forma, a tradição geocêntrica havia se cristalizado desde o período do surgimento da filosofia de Aristóteles na Grécia, tendo recebido nova formulação por Galileu e, assim, passando por todo o período da Idade Média sem alterações. A modificação, quando realizada, foi de proporções colossais. Para Copérnico, não era a Terra o centro do Universo, mas o Sol (heliocentrismo).

Interessa-nos aqui menos o aprofundamento na teoria heliocêntrica do astrônomo polaco e mais o fato de ele ter chegado a ela pela crítica à teoria ptolomaico-aristotélica, a partir da observação dos movimentos astronômicos (ressaltamos as observações realizadas em Bolonha, em 1497) e, mormente, pelo uso de uma ferramenta cujo caráter de precisão era necessário no intuito de se chegar a uma conclusão de tamanha envergadura: a matemática (cálculos astronômicos e geometria).

André Müller

O que será possível percebermos nos estudos copernicanos resulta não apenas da reunião de fragmentos esparsos que sugerem a teoria heliocêntrica, mas da **sistematização de conhecimentos astronômicos em uma teoria completamente inovadora**, consagrada na obra *As revoluções dos orbes celestes* (1543). Esse livro aponta o resultado dos estudos de

Copérnico e foi publicado somente por incentivo de outras pessoas, pois pelo astrônomo a obra permaneceria "em silêncio", em razão do escândalo que dela resultaria.

O fato de a Terra não ser mais o centro do Universo trouxe várias questões que deveriam ser repensadas, como o lugar do homem no cosmos, a validade da cosmologia contida na Bíblia e a noção ptolomaico-aristotélica de cosmos, que também considerava a Terra como centro do Universo. Em outros termos, o que ocorreu foi a passagem do geocentrismo para o heliocentrismo, e tal transição representou, sem dúvida, uma revolução completa no ramo astronômico.

As observações de Copérnico resultaram em uma constatação consagrada em sua teoria: **a ordem racional e a geometrização do universo**. Aquele que tudo criou, Deus, organizou tudo de forma simples, racional e geometricamente, do mesmo modo como um relojoeiro constrói os mecanismos de um relógio, segundo uma ordem de causas e efeitos que possibilitam o funcionamento da máquina.

Do autor, ver:
- *Pequenos comentários (Commentariolus)* – 1519.

2.19
Galileu Galilei (1564-1642)

Se por um lado a revolução científica foi iniciada com a obra de Copérnico, por outro teve sua consagração em virtude do impacto causado pela obra de Galileu Galilei.

Galilei foi o inventor de vários instrumentos úteis ao conhecimento que hoje denominamos *ciência*. Entre eles, podemos citar, por exemplo, o aperfeiçoamento do telescópio e seu uso para observação astronômica e o microscópio; além disso, esse cientista aperfeiçoou objetos que serviam para medição, como o termômetro. Ele utilizou esses objetos para realizar experimentos e observações que seriam fundamentais para as conclusões inovadoras a que chegaram vários autores de áreas do saber, entre elas a física e a astronomia.

> *Na verdade, com a luneta poderá ver-se uma tal multidão de outras estrelas abaixo da sexta grandeza, que escapam à vista desarmada, tão numerosa que é quase inacreditável, pois podem observar-se mais do que seis outras ordens de grandeza [...].*
>
> *Aquilo que foi por nós observado em terceiro lugar foi a essência ou matéria da própria Via Láctea que, com auxílio da luneta, pode ser observada com os sentidos, de modo que todas as disputas que durante gerações torturaram os filósofos são dirimidas pela certeza visível, e nós somos libertados de argumentos palavrosos. De fato, a galáxia não é outra coisa senão um aglomerado de incontáveis estrelas reunidas em grupo.*
>
> (Galilei, 2010, p. 175-177)

Iniciemos chamando a atenção para a importância que a **experiência** (utilização dos sentidos) tinha para Galileu. Para o pensador, a única via que temos para pesquisar os fenômenos naturais e que nos proporciona segurança na investigação é a experiência. É por meio dela que coletamos dados e é ela que nos permite chegar a conclusões gerais sobre um número de fatos analisados.

Assim, em termos práticos, se realizarmos uma experiência várias vezes, como ferver a água ao nível do mar e constatar em que temperatura ela entra em ebulição, chegaremos a uma conclusão geral sobre a fervura da água e sua passagem do estado líquido ao estado gasoso. Se mudarmos o ambiente, isto é, se realizarmos a experiência no alto de uma montanha na Cordilheira dos Andes, por exemplo, teremos outro resultado. O que nos possibilita colher os dados é a experiência de realizá-los.

No entanto, com base nos dados coletados pela experiência, temos a possibilidade de encontrar a lei geral que permite a compreensão do nexo causal entre os fenômenos mesmo que eles não aconteçam novamente. O exemplo prático dado anteriormente representa a possibilidade de afirmarmos que a água entra em estado de ebulição quando atinge cem graus Celsius de aquecimento ao nível do mar, e não necessitamos realizar o experimento para averiguar que tal fato ocorre. Interessam-nos menos as leis físicas e químicas do exemplo em questão e mais a operação realizada quando chegamos até a formulação da lei. Ou seja, é a racionalidade a responsável por engendrar a lei geral que explica os fenômenos ao realizarmos a organização dos dados provenientes da experiência.

Logo, podemos afirmar que a experiência tem papel relevante na elaboração do conhecimento quando proporciona a recepção dos dados, os quais, por sua vez, são organizados pela razão. Dessa forma, chegamos a uma formulação teórica que abarca todas as situações que se propõe a descrever.

Esse caminho ou método é denominado *método indutivo-dedutivo* ou *método experimental*. A indução pode ser caracterizada como um movimento mental (raciocínio) que, partindo da análise de elementos particulares, chega a uma conclusão geral; a dedução, ao contrário, parte do geral (regra) para determinar o particular.

Eis o método proposto por Galileu Galilei para "ler a natureza", isto é, para interpretar os fenômenos naturais por meio de séries de observações e da experiência, de modo a chegar à lei geral que rege tais fenômenos. E é justamente na formulação da lei que rege os fenômenos que a **matemática** tem função primordial. O papel da matemática é essencial tanto na quantificação dos elementos que envolvem os fatos observados quanto na formulação da regra geral (lei) que rege tais fenômenos. O uso da matemática no método experimental é justificado pelo caráter de precisão por ela proporcionado, precisão que possibilita a correta e ordenada quantificação do objeto em análise. Sem o instrumento matemático, o rigor da análise seria colocado em questionamento, e a imprecisão seria a inconveniência recorrente de resultados falsos aos questionamentos propostos.

O método indutivo-dedutivo é um método de análise de fatos naturais e não procede usá-lo para questões teológicas (sobre a imortalidade da alma) ou questões filosóficas (sobre a essência das coisas). Assim, **ocorre a separação completa entre três ramos do saber: a religião, a filosofia e a ciência.** Cada uma delas tem seu objeto e seu método de abordagem e, mais do que isso, não podemos, sem ressalvas e precauções extremas, migrar as conclusões de um ramo do saber para outro sem que ocorram distorções na conclusão da investigação do fenômeno analisado.

O método indutivo-dedutivo e a importância da experiência são o sustentáculo da noção de ciência como metodologia de conhecimento da natureza. Ele promove a separação entre teologia, filosofia e ciência e proporciona a autonomia completa da ciência em face de outras formas de conhecimento. Essa separação é de fundamental importância para a história do pensamento ocidental. A justificativa de tal importância está na delimitação da seara do conhecimento científico e na liberdade que o cientista pode ter ao não precisar recorrer a justificativas de caráter filosófico ou teológico para explicar os fenômenos.

Você percebe como paulatinamente a natureza vai se tornando objeto de análise, sem a necessidade de elementos que estejam além da constatação da própria experiência que se tem desses fenômenos?

O método proposto por Galileu representa o coroamento completo dessa nova maneira de perceber a realidade, isto é, da visão científica. O conhecimento científico não questiona "o que" o objeto é (estudo filosófico), mas "como" o objeto é. A ciência representa uma forma de conhecimento quantitativa, ou seja, ela analisa os fenômenos a partir de enumerações constatáveis pela experiência, utiliza a linguagem matemática para proporcionar um caráter de exatidão aos elementos constatados nas observações e formula leis universais precisas que proporcionem novas deduções a partir delas.

De fato, não se pode negar os inúmeros problemas que Galileu teve envolvendo questões religiosas e científicas em razão do conjunto de sua obra e, sobretudo, das considerações astronômicas na defesa do heliocentrismo. No primeiro processo proposto pela Inquisição, Galileu sofreu uma advertência, mas, no segundo, foi condenado e, de joelhos, abjurou perante as autoridades eclesiásticas.

Do autor, ver:
- *Teoremas sobre o centro de gravidade dos sólidos* – 1585;
- *Tratado das esferas* – 1597;
- *O mensageiro das estrelas (Siderius nuncius)* – 1610;
- *Diálogo sobre os dois máximos sistemas do mundo* – 1623;
- *O ensaiador (Il Saggiatore)* – 1623;
- *Diálogo sobre os dois máximos sistemas do mundo ptolomaico e copernicano* – 1632.

2.20
Isaac Newton (1643-1727)

Por fim, temos de ressaltar o aspecto filosófico da obra de Isaac Newton para a revolução científica.

Em termos gerais, a obra de Newton pode ser considerada o coroamento e a síntese da revolução científica, que mudaria completamente a forma pela qual a realidade era percebida. Vamos levar em conta dois pontos fundamentais. O primeiro é que, mais do que meramente contribuir de forma decisiva no âmbito da física e da matemática, a obra newtoniana revela a precisão do cientista inglês quanto às regras metodológicas utilizadas em sua investigação. Tais regras têm como característica comum uma **metodologia precisa, simples e clara**, marca registrada do conhecimento científico.

Além disso, os escritos de Newton revelam com profundidade e exatidão a dinâmica dos movimentos dos corpos que compõem o Universo e fundamentam uma forma revolucionária de perceber a realidade, forma que está pautada não em uma razão "enfeitiçada" por aspectos sobrenaturais, mas em uma razão balizada pela **experiência**. Tal racionalidade é a racionalidade dos empiristas ingleses, como veremos no decorrer desta obra.

Do autor, ver:
- *Princípios matemáticos da filosofia natural* – 1687;
- *Ótica* – 1692;
- *Aritmética universal* – 1707.

Síntese

Neste capítulo, vimos que a passagem do mundo medieval para o mundo moderno se deu pelas noções filosóficas estipuladas pelos autores renascentistas. Além disso, observamos que o Renascimento promoveu a transição da noção teocêntrica (medieval) de realidade para a naturalista-antropocêntrica (moderna).

Também ressaltamos que paulatinamente o naturalismo adentrou o âmbito do conhecimento, com a filosofia de Aristóteles e os comentários ao aristotelismo realizados por Averróis. Por outro lado, as obras de Cícero influenciaram o pensamento da Renascença no sentido de promover o desenvolvimento humano.

Na sequência, examinamos a separação entre política e ética na filosofia de Maquiavel, bem como as ideias de Giordano Bruno sobre a noção de infinitos universos. Ainda, vimos que a física de Telésio, no fim do Renascimento, levou em consideração a sensação como via de acesso à natureza, e não o aspecto mágico-animista.

Observamos como o aspecto filosófico da obra de Leonardo da Vinci vinculou a teoria à prática e proporcionou grande valor à matemática. E, por fim, analisamos como a revolução científica promoveu uma nova maneira de conceber a realidade, apontando para o método científico calcado na experimentação e no uso da ciência matemática como uma forma de conhecimento seguro para a descoberta das leis que regem os fenômenos.

Indicações culturais

GALILEO. Direção: Joseph Losey. Estados Unidos/Reino Unido, 1975. 145 min.
Esse filme mostra a vida do cientista e o impacto de suas descobertas em um ambiente repleto de dogmas religiosos.

A VIDA de Leonardo da Vinci. Direção: Renato Castellani. Espanha/Itália: Versátil, 1971. 325 min.

Nessa produção, evidencia-se o vínculo entre teoria e prática nos projetos arquitetônicos de Leonardo da Vinci.

GIORDANO BRUNO. Direção de: Giuliano Montaldo. Itália/França: Compagnia Cinematografica Champion, 1973. 115 min.

Esse filme retrata momentos da vida de Giordano Bruno; de forma específica, concentra-se no trágico momento de sua morte. Destacam-se cenas que demonstram a questão da intolerância da Igreja em face de uma nova perspectiva de pensamento e as consequências de se posicionar de maneira distinta dos dogmas da época. Assim, trata-se de um registro muito oportuno para que o leitor possa verificar o contexto histórico em que a obra de Bruno foi escrita e a forma indigesta pela qual foi recepcionada.

UOL Educação. **Conheça dez obras clássicas para entender o Renascimento.** Disponível em: <http://educacao.uol.com.br/album/2013/08/16/conheca-dez-obras-classicas-para-entender-o-renascimento.htm#fotoNav=2>. Acesso em: 11 jun. 2015.

O Renascimento foi um período marcado pela produção de inúmeros artistas. Ao acessar o *site*, o leitor poderá visualizar dez obras de arte de grande importância para o período.

Atividades de autoavaliação

1. Assinale a alternativa com as expressões que preenchem adequadamente as lacunas na frase a seguir:

A passagem do pensamento medieval para o renascentista designa a transição de uma perspectiva _____ para uma perspectiva _____.

a) Antropocêntrico-naturalista; teocêntrica.
b) Teocêntrica; neonaturalista.
c) Naturalista; antropocêntrica.
d) Teocêntrica; antropocêntrico-naturalista.

2. Avalie se a assertiva abaixo é verdadeira ou falsa:

Nicolau de Cusa é conhecido por suas considerações sobre a expressão douta ignorantia, em que aponta a diferença de o intelecto humano considerar as coisas finitas e as coisas infinitas. O autor se refere à douta ignorantia do intelecto humano, limitado, que deseja alçar-se ao ilimitado.

3. O aspecto filosófico da obra de Leonardo da Vinci está voltado ao vínculo entre a teoria e a prática, ou seja:
a) o pensador italiano aponta para a importância dos sentidos e do trabalho da razão de modo a organizar os dados recebidos pelos sentidos.
b) pauta-se na mescla de elementos mágicos com os dados recebidos pelos sentidos.
c) a teoria e a prática são completamente equivalentes em termos de atividades realizadas pelos sentidos e pela razão.
d) os experimentos do pensador não têm vínculo com a natureza, sendo mero trabalho da imaginação.

4. Pensador que escreveu no formato de ensaios e que apresentava uma característica cética marcante. Para ele, era preciso levar em conta as características particulares de cada indivíduo, pois cada pessoa é um caso tão particular que a felicidade para um pode não ser para outro. De quem estamos falando?

   a) Pico della Mirandola.
   b) Nicolau de Cusa.
   c) Michel de Montaigne.
   d) Nicolau Copérnico.

5. A sentença a seguir é verdadeira ou falsa?

   O pensamento de Maquiavel aponta para a completa separação entre política e ética, promovendo a autonomia do estudo da política perante outros ramos do conhecimento.

6. Em termos religiosos, qual pensador promoveu uma verdadeira reforma nos costumes religiosos de sua época, traduziu a Bíblia para o alemão e foi autor de *Noventa e cinco teses sobre a indulgência*?

   a) Erasmo de Roterdã.
   b) João Calvino.
   c) Martinho Lutero.
   d) Johannes Kepler.

7. Qual é o significado do conceito de *virtù* na obra de Maquiavel?

   a) Destino como necessidade de efetivação dos acontecimentos.
   b) Tradição política de um determinado território.
   c) Imortalidade da alma e ascensão ao divino representando a tradição cristã na política.
   d) Engenhosidade de manipulação das variáveis de uma situação para dela tirar proveito.

8. Qual foi o filósofo italiano que, em seu pensamento, promoveu a mescla entre elementos religiosos de origem egípcia e concepções neoplatônicas?

   a) Giordano Bruno.
   b) Tommaso Campanela.
   c) Giovanni Pico della Mirandola.
   d) Galileu Galilei.

Atividades de aprendizagem

Questões para reflexão

1. Até que ponto podemos afirmar que a separação entre ética e política realizada por Maquiavel permeia as relações políticas na atualidade? Tal mentalidade deve ser repensada? Por que motivo vários políticos têm em *O príncipe* um "manual de conduta"?

2. Verifique se você concorda ou discorda da afirmação a seguir e justifique na sua posição.

   As sensações que temos sobre as coisas não são errôneas, mas nós cometemos erros na medida em que nos equivocamos quando pensamos sobre elas ao identificarmos causas inexistentes para determinados fatos.

Atividade aplicada: prática

Elabore uma pesquisa na forma de resumo sobre Galileu Galilei, abordando a importância do método indutivo-dedutivo para o desenvolvimento do conhecimento científico.

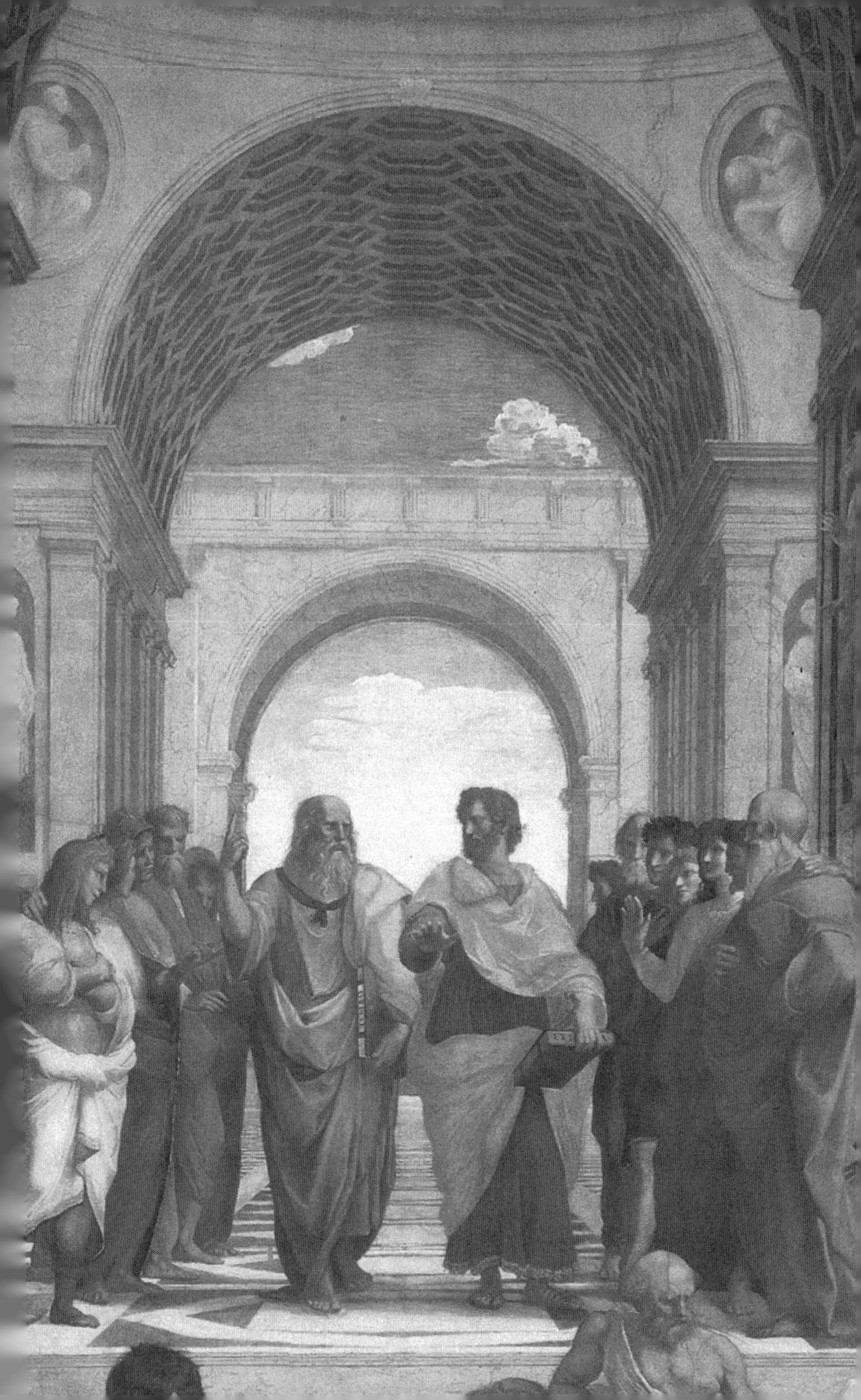

3

O empirismo

Podemos afirmar que a problemática da filosofia moderna gira em torno da questão do método empregado na busca pelo conhecimento. *Como é possível conhecer a realidade de modo que possamos encontrar a verdadeira causa dos fatos? Mais do que isso, como devemos usar nosso intelecto para que não sejamos enganados ao chegarmos às conclusões sobre os fatos analisados?* Eis as principais perguntas que serão respondidas pelos pensadores da modernidade em suas obras filosóficas. Isto não significa que os filósofos da Idade Moderna tenham elaborado seus escritos apenas com a pretensão de resolver a questão do melhor método para construir o conhecimento. Veremos que nessa época tão fecunda para o pensamento filosófico podemos identificar também farta reflexão sobre aspectos políticos e éticos.

3.1
Método, conhecimento e a busca pela certeza

Iniciemos a presente parte de nosso estudo sobre a história da filosofia na modernidade estabelecendo parâmetros gerais sobra a questão do método e do conhecimento. Chamaremos a atenção para os aspectos político e ético à medida que formos destacando a contribuição filosófica de cada autor.

Em termos gerais, a resposta à questão sobre o método mais seguro para se conhecer corretamente pode ser encontrada em duas correntes filosóficas, cujos expoentes permeiam toda a história do pensamento moderno. Cada uma dessas escolas aposta em um aspecto fundamental para a elaboração do conhecimento, isto é, em um aspecto que reflete a "alavanca" para a construção correta do saber. Em termos filosóficos, o que se busca é uma forma segura de se conhecer a realidade, ou seja, um ponto de apoio que proporcione o maior grau de certeza na construção do conhecimento.

Quando o conhecimento é formulado, podemos apontar tanto o uso da razão quanto o da experiência (sentidos). Mas há preponderância da razão sobre os sentidos ou destes sobre a razão? Seriam ambos equivalentes quanto à construção do saber? De maneira mais específica, qual é a função da racionalidade e qual é a função dos sentidos no processo de elaboração do conhecimento?

Para responder a essas questões, uma das correntes aponta a primazia da razão sobre os sentidos (experiência) para a elaboração do saber. Ela é denominada **racionalismo**. A outra indica a preponderância da experiência sobre a razão e é denominada **empirismo**. Ambas permearam todo o período filosófico da modernidade, promovendo uma verdadeira revolução na teoria do conhecimento. Estudaremos os principais representantes dessas correntes e verificaremos os pontos fundamentais de sua filosofia. No entanto, antes disso, é importante que examinemos os pontos nevrálgicos de dois pensadores de fundamental importância para a compreensão do pensamento filosófico da modernidade: Francis Bacon e René Descartes. Por que esse passo é necessário? Ao estudar o pensamento de Descartes e de Bacon, você compreenderá os pressupostos teóricos que possibilitaram surgimento daquelas duas correntes de pensamento e, mais do que isso, entenderá os temas e as preocupações que ressoarão na obra de outros filósofos da modernidade.

Iniciaremos com o estudo da filosofia de Francis Bacon e dos representantes do movimento empirista, cujos expoentes apostam que a experiência prepondera sobre a racionalidade na elaboração do conhecimento. Posteriormente, passaremos à análise dos pontos principais do pensamento de quatro autores do movimento empirista inglês: Thomas Hobbes, John Locke, George Berkeley e David Hume.

3.2
Francis Bacon (1561-1626)

Francis Bacon nasceu em Londres no seio de uma família abastada. Durante sua vida profissional, ocupou cargos de relevância no governo inglês, como o de consultor legal da Coroa, procurador-geral e chanceler. Foi portador dos títulos de Barão de Verlome e Visconde de Santo Albano. Como "homem de Estado", estudou direito e frequentou a Câmara dos Comuns por duas décadas aproximadamente. Foi acusado de corrupção e condenado ao pagamento de multa. Posteriormente, não pôde mais exercer a carreira política.

A obra de Francis Bacon é constituída por variados assuntos que vão desde a questão do método e da reflexão sobre os fundamentos do conhecimento até a proposta utópica de um Estado que promove e valoriza o saber científico. Vamos ressaltar a proposta baconiana de cunho epistemológico pelos ecos por ela proporcionados para o futuro desenvolvimento do pensamento da modernidade.

Os escritos do filósofo inglês estavam destinados a estabelecer uma nova proposta para a ciência não somente em termos metodológicos, mas também em relação ao objeto a ser analisado e à finalidade da própria ciência.

Para que esse empreendimento fosse efetivado, o filósofo projetou uma grande obra com seis partes, com o título de *Instauratio magna* – a expressão pode ser traduzida como "grande instauração" ou "grande renovação". Entretanto, nem todas elas foram concluídas. Vamos apontar as duas primeiras partes da *Instauratio* como a indicação que inicia o itinerário do gigantesco projeto e que nos permite compreender a envergadura da proposta. Na primeira parte, Bacon escreveu sobre a finalidade do saber científico, o objeto e a natureza desse saber no livro *De augmentis scientiarum* (*Divisões da Ciência*). Depois, temos o *Novum organon*, obra pela qual o filósofo ficou amplamente conhecido e que contém a explicação da forma como devemos interpretar a natureza.

Qual é a finalidade da ciência? A ciência deveria ter uma finalidade prática por excelência, e não somente especulativa. Nesse ponto, o filósofo criticou a excessiva teorização da filosofia escolástica, que trabalhava com questões especulativas sobre aspectos teológicos. Para Bacon, a ciência deveria, por ofício, ter como objeto a natureza. Mais ainda, deveria esforçar-se para compreender a causa e o dinamismo dos fenômenos naturais. A praticidade do saber tinha um alvo específico: a promoção do bem-estar do homem. Por isso, a experiência é a base de todo o saber científico.

Assim, em resumo, o papel da ciência era o de promover a compreensão dos fenômenos da natureza no intuito de manipular tais fenômenos (conhecendo suas causas) para que fosse promovido o desenvolvimento de benefícios, segundo as condições naturais que cercam o homem.

Qual era o significado da palavra *conhecer* para o pensador inglês?

Conhecer determinado fato natural significa entender a causa desse fenômeno, isto é, o conhecimento da causa de determinado fenômeno representa a compreensão desse fenômeno. A ideia de que o conhecimento está vinculado à causa do fenômeno não é original de Bacon, mas de Aristóteles. Com efeito, tal ideia foi recepcionada do estagirita pelo filósofo da modernidade; no entanto, mais do que isso, ele destacou a importância da causa formal, dentre as quatro causas para todos os fenômenos estipuladas por Aristóteles, como a que realmente tinha validade para a questão proposta sobre o método das ciências experimentais. E a validade estava em se investigar a própria forma do fato natural em dois aspectos: o primeiro, quanto ao processo íntimo das mudanças com base na regra (lei) que as define; o segundo, quanto à estrutura pela qual é composta a natureza de determinado objeto. O que se deseja, aqui, é compreender a natureza no sentido mais profundo possível para dela se assenhorar posteriormente:

> *Aquele que conhece a causa de uma natureza (ex.: branco ou calor), apenas em relação a certos objetos, tem um conhecimento imperfeito dela; e aquele que consegue produzir efeitos apenas sobre alguns dos materiais suscetíveis possui um Poder igualmente imperfeito. E aquele que conhece apenas as causas eficiente e material (que são variáveis e funcionam apenas como veículos capazes de carregar formas apenas em algumas coisas) podem fazer novas descobertas em algum material bastante semelhante e antes*

preparado, mas não chegam a tocar a extremidade profundamente enraizada das coisas. Mas quem conhece as formas compreende a unidade da natureza em materiais que são muito diferentes uns dos outros. E assim pode descobrir e trazer à luz coisas que nunca foram realizadas e nunca se tornaram existentes nem pelas vicissitudes da natureza, nem pelos esforços experimentais, nem mesmo pelo acaso; coisas improváveis de serem cogitadas pela mente dos homens. Por isso, o verdadeiro pensamento e a livre Operação são resultados das descobertas das Formas. (Bacon, 2014, p. 112)

Como a natureza contém tudo aquilo que podemos efetivar como benefício para a vida, é preciso que tenhamos um método para procedermos com a intenção de descobrir suas nuances mais íntimas.

Tal forma de ação se refere ao método proposto por Bacon, que tem por base a experiência. Os homens devem utilizar os sentidos para terem acesso aos fatos, mas, mais do que isso, devem ter ferramentas que confiram exatidão ao que está sendo observado. A exatidão propicia a mensuração, que, por seu turno, é importante para termos o maior grau de precisão possível quanto àquilo que observamos. Podemos imaginar uma pessoa sentindo o calor que emana de um objeto através do tato, por exemplo, mas não há como medir especificamente a quantidade de calor emanada apenas com os sentidos. O mesmo acontece quando inserimos as mãos em dois recipientes, sendo um com água morna e outro com água mais fria, e nos perguntam em qual deles a água está mais gelada. Temos a noção clara de qual seja, mas, se questionarmos especificamente a diferença de temperatura, teremos de apelar a algo além de nossos sentidos para de fato chegar à resposta correta. Em outras palavras, teríamos de portar um instrumento que possibilitasse a aferição exata.

Ademais, temos de nos aproximar da natureza não apenas de maneira a observar os acontecimentos de forma passiva. É preciso descrevê-los minuciosamente para entendermos os aspectos que envolvem determinado fato e, além disso, elaborar uma classificação desses fatos para que, de forma organizada, possamos catalogá-los de maneira que possamos desenvolver conclusões relativas a um determinado gênero de fenômenos observados.

Se, por um lado, temos de analisar a natureza de forma ativa, posteriormente devemos conduzir nossa observação segundo um "caminho" que nos leve a uma conclusão sobre a dinâmica dos fatos observados.

Após delimitar o contexto de definição do objeto e a finalidade do saber científico, o filósofo inglês partiu para o segundo passo de sua filosofia, um passo tão importante quanto a renovação instaurada sobre a eficácia e eficiência da nova ciência em face da esterilidade até então apresentada (escolásticos).

Foi nesse ponto que o processo indutivo começou a entrar em cena, um processo no qual **da observação de um número limitado de fatos ou da realização de diversas experiências cujas variáveis são ao menos semelhantes obtém-se a formulação de uma regra geral sobre os fatos.**

De forma oposta à lógica aristotélica (uma lógica dedutiva), Bacon, ao apostar na experiência como base para o conhecimento, propôs a indução como método investigativo, por meio do qual partimos de casos particulares para alcançar a lei geral.

É preciso ressaltar que Bacon fez clara distinção entre o método indutivo apontado por Aristóteles e o proposto por ele.

A ressalva para com a proposta aristotélica de indução reside no fato de que esta faz apenas enumerações, e o faz de maneira superficial, sem os devidos cuidados e sem a profundidade metodológica necessária; desse modo, a conclusão sobre os casos observados fica incompleta. A proposta baconiana de indução vai além das considerações até então feitas sobre o processo indutivo. E é justamente essa novidade a marca fundamental de inovação na filosofia do pensador inglês.

A guinada metodológica da dedução para a indução ficou caracterizada na obra *Novum organum*, enquanto a lógica dedutiva de Aristóteles estava compilada na obra denominada *Organon*, que significa "instrumento", ou seja, a lógica baconiana era um "novo instrumento" baseado no método indutivo.

No entanto, antes do uso do "novo instrumento", era necessário realizar um processo de expulsão de antigas noções e de preconceitos que eivavam a nova abordagem metodológica. A essas noções contaminadas e aos preconceitos Bacon deu o nome de *ídolos*. Há quatro tipos de ídolos:

- ídolos da caverna;
- ídolos da tribo;
- ídolos do teatro;
- ídolos do foro.

Cada um deles se refere a um aspecto que pode contaminar a pesquisa. Os ídolos da caverna estão relacionados a tendências relativas às questões pessoais, ou seja, de caráter meramente subjetivo. Podem, ainda, estar relacionados com a questão cultural e educacional.

Os ídolos da tribo estão relacionados com as limitações apresentadas pelos sentidos. Devemos chamar a atenção para dois aspectos. O primeiro refere-se à limitação da via pela qual temos acesso ao mundo exterior (os sentidos). Assim, realizar uma conclusão a partir da observação de um fenômeno pode resultar em erro se levarmos em conta apenas uma observação. O segundo apregoa que, para suprirmos, por exemplo, a incapacidade que temos de observar com maior acuidade um objeto que está mais distante, temos de utilizar um instrumento que amplie nossa capacidade visual.

Os ídolos do teatro fazem menção ao respeito para com a autoridade, respeito que barra a proposta de investigação e, dessa forma, paralisa a novidade em termos de conhecimento. Por fim, os ídolos do foro fazem menção à questão da linguagem. Em resumo, Bacon tratou a questão das definições que são realizadas por meio da linguagem e que ficam impregnadas no intelecto. As definições contêm imprecisões e falsas noções, que são de difícil reformulação e acabam contaminando a razão.

Os ídolos do foro podem ser o significado de palavras referentes a objetos palpáveis ou podem fazer menção aos objetos inexistentes. No entanto, é a imprecisão o denominador comum entre eles, que flui pela menção das palavras em um diálogo – a noção que uma pessoa tem de determinado termo pode ser diversa da que outra pessoa tem, como no caso do significado da palavra *amor*.

Logo, aquele que investiga deve tomar cuidado com o efeito dos ídolos; é preciso, primeiramente, "limpar" o intelecto de tais noções falsas. Eis o pressuposto para que a pesquisa científica seja iniciada.

Posteriormente, o filósofo tratou das fases do processo de pesquisa apontando como ele deve ser efetivado. Assim, há dois momentos: o primeiro aponta para o método indutivo no intuito de apreender os "axiomas", isto é, as leis gerais da natureza; o segundo refere-se à elaboração de novos experimentos com base na lei geral e com variâncias dessa lei. O processo parte da experiência e a ela retorna.

No caso da indução baconiana, o processo de investigação inicia-se pelas tábuas, isto é, pela enumeração dos fatos em que o fenômeno observado se repete. Há três instâncias ou três tipos de tábuas: tábua da presença, tábua da ausência e tábua dos graus. Na primeira, arrolamos em que situação o fenômeno investigado ocorre; na segunda, em que situações, semelhantes às primeiras, o fenômeno investigado não se apresenta; por fim, na tábua dos graus são apresentadas as situações em que o fenômeno se apresenta de forma mais ou menos intensa.

Somente após a recepção das informações que constam nas tábuas é que o processo de indução ocorre. Segundo as informações recebidas nas tábuas, nasce uma hipótese para explicar a natureza íntima do fenômeno em análise, isto é, para encontrar a causa do fenômeno. Esta é denominada *primeira colheita* (*vindemiatio prima*) e representa uma hipótese que pode ser questionada.

O processo indutivo coloca em xeque a hipótese formulada por meio do experimento. Na fase experimental, ocorre o questionamento sobre a previsibilidade da hipótese, ou seja, para sabermos se ela é capaz de prever resultados com exatidão. Bacon elaborou técnicas experimentais chamadas de *instâncias prerrogativas*. Entre estas destacamos a *experimentum crucis*, instância que remete ao gráfico de uma cruz e representa uma bifurcação em que o cientista deve escolher um dos lados. Nesse aspecto, cada um dos lados significa uma possibilidade oposta à outra para compreender a real natureza de determinado fenômeno. Já as *instâncias cruciais* podem ser consideradas as instâncias finais, apontando para a finalização da pesquisa:

> as instâncias cruciais revelam que a comunhão de uma das naturezas com a natureza investigada é constante e indissolúvel, enquanto a outra é descontínua e ocasional. Isso resolve a pesquisa já que uma natureza é tomada como causa e a outra é descartada e rejeitada. Assim, as instâncias desse tipo são muito esclarecedoras e possuem grande autoridade; de modo que, algumas vezes, o curso da interpretação termina nelas e torna-se completo por meio delas. (Bacon, 2014, p. 166)

De fato, o mérito de Francis Bacon quanto à ciência experimental se estende não apenas para uma ciência, mas para o contexto geral das ciências. Além disso, sua filosofia abriu as portas da modernidade para uma nova perspectiva de pesquisa dos fenômenos da natureza, baseada em uma metodologia mais refinada em termos sistêmicos do que a de seus antecessores.

Todas essas considerações sobre a experiência, o saber científico e os benefícios por ele buscados culminaram no texto de caráter utópico intitulado *Nova Atlântida*. Nele o filósofo inglês concebeu a formação de uma comunidade e das instituições que a compõem com base no saber científico, na qual há cooperação entre os elaboradores da ciência na divulgação e no compartilhamento do conhecimento.

Somente a partir do século XVII podemos apontar um novo horizonte para a ciência, horizonte que a faz ser conhecida até hoje como uma forma de saber que proporciona a compreensão e a manipulação para alcançar um determinado fim. O resultado da metodologia usada para compreender e manipular (a natureza) é uma série de benefícios práticos para o gênero humano.

Do autor, ver:
- *De interpretatione naturae proemium* – 1603;
- *Valerius terminus* – 1603;
- *Cogitata et visa* – 1609;
- *Ensaios* – 1625;
- *Nova Atlântida* – 1624;
- *Instauratio magna* (*Novum organum*) – 1620.

3.3
Thomas Hobbes (1588-1679)

A *política* e a teoria do conhecimento empirista foram as marcas do pensamento inglês do século XVII. Thomas Hobbes nasceu na Inglaterra e sua filosofia sorveu do empirismo inglês. Dois pontos principais devem ser considerados: o primeiro deles está relacionado ao seu aspecto materialista e o segundo a considerações relativas ao âmbito político no contexto social em que vivia.

A tendência materialista da filosofia hobbesiana será notória desde o início de seu contato com a filosofia, o qual ocorreu por meio do frade Marino Mersenne, que levou até o conhecimento de Hobbes as *Meditações metafísicas* de Descartes, pedindo ao filósofo inglês que desse seu parecer sobre o escrito. Hobbes apresentou-se completamente avesso à obra e elaborou uma crítica severa a ela direcionada: a tendência materialista e a valorização da experiência para a construção do conhecimento eram o itinerário do pensamento hobbesiano.

O filósofo inglês não utilizou deduções para estabelecer o alicerce metafísico fundamental do conhecimento. Ao contrário, levou em conta os avanços proporcionados pela experiência e pelo desenvolvimento das ciências experimentais na Inglaterra para elaborar sua metafísica de características materialistas. Como podemos definir a metafísica hobbesiana? A partir de dois conceitos que podem "justificar" a realidade, ou seja, em termos ontológicos, todas as coisas podem ser definidas como **corpo** e **movimento**.

Assim, o movimento representa o vir a ser constante e ininterrupto das coisas. De forma mais específica, pode ser quantificado, isto é, pode ser medido e percebido geometricamente. O corpo representa o caráter de materialidade do real no sentido de ter extensão, de tomar parte do espaço. A extensão representa a corporeidade do objeto. Todas as mudanças dos corpos são apenas reflexos do movimento, e todas as qualidades dos corpos são frutos da variação promovida pelo movimento. Por essa razão, podemos afirmar que a realidade tem caráter mecanicista. A que faculdades recorremos para ter acesso aos corpos e às mudanças dos corpos? **Recorremos às sensações, ou seja, aos órgãos dos sentidos.** São eles que proporcionam a experiência que temos dos corpos e do movimento. Notemos, dessa forma, que as ciências experimentais estão em consonância com a metafísica de Hobbes.

É justamente desse viés – em que a experiência (e a sensação) é valorizada – que surgem consequências em termos éticos. O prazer e o desprazer resultam da experiência que o indivíduo tem com o mundo externo. Quando ocorre o desprazer, surge a repulsa e, quando ocorre o prazer, a atração. É natural que haja a busca e o apego pelo prazer, assim como a repulsa e a fuga quando existe o desprazer. A busca pelo prazer e a manutenção do bem-estar individual sustentam o caráter ético da filosofia materialista hobbesiana.

As considerações éticas de Hobbes chegaram ao campo político com sua obra mais conhecida, o *Leviatã*. Segundo ela, o egoísmo e a procura pelo prazer são inatos nos homens. Quando estes buscam o prazer, pouco se importam com atos que trazem consequências nefastas para outros homens.

Ocorre, naturalmente, a luta de todos contra todos porque não há limites restringindo o querer e o objeto do querer. Essas são as características daqueles que vivem em um estado que o filósofo denomina de *estado natural*, em que o homem é "lobo do próprio homem" (*homo homini lupus*), no sentido de que um indivíduo representa perigo para o outro quando o assunto se refere às atitudes que alguém pode tomar a fim de se satisfazer. Assim, o estado de natureza é inseguro para a vida do homem porque nele todos podem realizar qualquer ato, e tal situação promove a insegurança, o medo e a desconfiança de uns para com os outros. Assim, conclui Hobbes (2003, p. 113) sobre o "estado de natureza": "Portanto, enquanto perdurar este direito natural de cada homem a todas as coisas, não poderá haver para nenhum homem (por mais forte e sábio que seja) a segurança de viver todo o tempo que geralmente a natureza permite aos homens viver".

Em oposição ao estado de natureza, há o estado de sociedade ou estado político. Nele os homens abdicam de alguns de seus direitos para poderem viver em segurança, ou seja, de forma que um não cause dano ao outro na busca desregrada e desenfreada pelo prazer. No estado de natureza, há a luta de todos contra todos pois inexistem regras estabelecidas para a convivência. No estado de sociedade, essas regras são estipuladas e cerceiam a liberdade dos homens. Aqueles que vivem no estado de sociedade cedem seus direitos, isto é, parte de sua liberdade, a um soberano. Dessa forma, legitimamente e pelo consentimento dos súditos, nasce a figura do soberano e, por consequência, do próprio Estado.

O nascimento do Estado está representado na alienação absoluta da liberdade que o homem tinha quando estava no estado de natureza. É como se houvesse um contrato coletivo entre os homens, que, ao abrirem mão de sua liberdade, delegam poder ao Estado para que este tome as medidas necessárias no intuito de que o indivíduo busque o prazer e se preserve sem prejuízo de outrem.

O Estado garante a vida comunitária e está representado na figura do rei, que, por seu turno, não é obrigado a levar em consideração a vontade dos súditos, tendo em vista que eles não podem mais fazer o que bem entenderem para a aquisição do prazer, ou seja, eles perderam sua liberdade em favor de um bem maior, a segurança de uma vida social em que os indivíduos não podem agir livremente para suprirem suas ânsias. Tampouco podem os súditos requerer novamente a liberdade absoluta presente no estado de natureza, porque uma vez alienada não é mais possível adquiri-la.

Dessa forma, os escritos hobbesianos servem como pano de fundo para o absolutismo do Estado, consagrado na figura do rei, porque proporcionam fundamento teórico para essa forma de governo em oposição ao parlamentarismo, cujo poder está dividido e não unificado.

A grandiosidade estatal que se sobrepõe aos indivíduos é representada pelo Leviatã, um monstro gigantesco cujas características estão contidas no livro de "Jó", na *Bíblia Sagrada*, e que remetem à figura de um crocodilo. O Leviatã resulta de uma mescla de animais, da mesma forma que, em sentido hobbesiano, remete à ideia da reunião de vários indivíduos que formam um homem enorme e poderoso por seu tamanho colossal (Estado).

Do autor, ver:
- *De cive* – 1642;
- *Os elementos da lei* – 1650;
- *Leviatã* – 1651;
- *De corpore* – 1655.

3.4
John Locke (1632-1704)

John Locke nasceu em Wrington, na Inglaterra, e é considerado o grande expoente do empirismo inglês. Vamos ressaltar a experiência educacional de Locke na Universidade de Oxford porque o interesse do filósofo pelas ciências naturais no período em que frequentou o ambiente acadêmico foi intenso e produtivo. Mais especificamente, ele foi exaltado por seus conhecimentos no ramo da medicina sem, no entanto, ter angariado títulos acadêmicos nessa seara. Além disso, estudou física, fisiologia e anatomia. Nesse período, seu apego pela filosofia fora mínimo; ele até mesmo a considerava algo pedante, em referência à filosofia escolástica. Os experimentos atraíam muito mais a atenção do filósofo.

Durante sua vida, teve acesso ao âmbito político, trabalhando como secretário do Conde de Shaftesbury (Ashley Cooper), chanceler da Inglaterra. Posteriormente, foi para a França e conheceu o pensamento de René Descartes. Retornou para a Inglaterra, mas precisou sair novamente de seu país por apoiar Shaftesbury em uma empreitada política que fracassou. Dessa vez, seu destino foi a Holanda. Lá, Locke teve uma vida política ativa, voltando para a Inglaterra quando o Parlamento inglês convocou Guilherme de Orange para assumir o trono.

Logo após o desenlace desses fatos políticos, o filósofo inglês se refugiou no Castelo de Oates, momento de sua vida amplamente conhecido em termos sociais.

Vamos ressaltar três aspectos fundamentais da obra de Locke: O primeiro se refere à teoria do conhecimento; o segundo, ao aspecto político; e o terceiro, aos escritos de âmbito religioso.

Iniciemos com a contribuição para a teoria do conhecimento. *Ensaio sobre o entendimento humano* é um livro que trata de uma questão específica: realizar de forma minuciosa uma investigação sobre o intelecto no sentido de identificar suas potencialidades e seus limites. Vale a pena ler como Locke, com estilo agradável, apresenta a motivação de seu trabalho ao leitor de forma a esclarecer sua empreitada:

cinco ou seis amigos reunidos em meu quarto e discorrendo acerca de assunto bem remoto do presente, ficaram perplexos devido às dificuldades, que surgiram de todos os lados. Após termos por certo tempo nos confundido, sem nos aproximarmos de nenhuma solução, acerca das dúvidas que nos tinham deixado perplexos, surgiu em meu pensamento que seguimos o caminho errado, e, antes de nós nos iniciarmos em pesquisa desta natureza, seria necessário examinar nossas próprias habilidades e averiguar quais objetos são adequados para serem tratados por nossos entendimentos. Propus isto aos meus companheiros, que prontamente concordaram, e, portanto, foi aceito que esta deveria ser nossa primeira investigação. (Locke, 1999, p. 26)

Nessa obra, há quatro livros, que tratam dos seguintes assuntos, respectivamente:

- a questão do inatismo (ideias inatas);
- o desenvolvimento do processo do conhecimento;
- a questão da linguagem;
- o valor do conhecimento.

Logo no primeiro livro, o filósofo inglês critica severamente a doutrina de Descartes das ideias inatas. Segundo essa doutrina, o indivíduo possui determinadas ideias desde seu nascedouro. Locke apontou problemas nessa afirmação, como a impossibilidade de ser constatada de fato, ou seja, não existe prova cabal associada a essa consideração; mais do que isso, ocorre que, caso fosse verdadeira, tal afirmação trabalharia com a noção de identidade universal da humanidade, identidade que não pode ser realmente comprovada. Outro aspecto a ser levado em conta é o fato de que, se houvesse ideias inatas, as crianças ou um índio que vive isolado em uma aldeia seriam portadores dessas ideias. Ora, com efeito, nem as crianças manifestam saberes sobre tais ideias nem os índios, e tais fatos podem ser constatados pela experiência.

Logo após a crítica à teoria do inatismo, Locke passou à análise do desenvolvimento do processo do conhecimento. É nesse ponto que temos a apresentação de uma noção interessantíssima sobre o **intelecto**: ele é uma **tábua rasa e completamente vazia**. Isso significa que não há ideias preconcebidas ou dados preestabelecidos. Os elementos que chegam até essa tábua (intelecto), isto é, os dados com que ela trabalha, são oriundos unicamente da experiência, a qual condiciona o conhecimento no sentido de fornecer os elementos com os quais a tábua opera. Entendido de outra forma, a experiência sensível é a fonte do conhecimento porque *nihil est quod in intellectu quod prius non fuerit in sensu* (nada há no intelecto que não tenha estado antes nos sentidos).

> *Suponhamos, portanto, que o espírito seja, por assim dizer, uma folha em branco, privada de qualquer escrita e sem nenhuma ideia. De que modo virá a ser preenchida? De onde provém aquele vasto depósito que a industriosa e ilimitada fantasia do homem traçou-lhe com variedade quase infinita? De onde procede todo o material da razão e do conhecimento? Respondo com uma só palavra: da* EXPERIÊNCIA. *É nela que nosso conhecimento se baseia e é dela que, em última análise, deriva.* (Locke, citado por Reale; Antiseri, 1991a, p. 513, grifo do original)

Determinada a experiência como fonte do conhecimento, é preciso avaliar como se dá o processo intelectual pelo qual ocorre a operação dos dados recebidos da experiência.

Então, como surgem as ideias? O primeiro passo é a recepção das ideias simples, que são geradas pela sensação da experiência. Podemos afirmar que essas ideias são fruto da intuição das sensações da experiência. Há duas categorias de ideias simples: as de reflexão e as de sensação. As primeiras referem-se aos movimentos internos da mente, como o medo e a coragem, o amor e o ódio. As de sensação estão relacionadas ao mundo externo ao sujeito, aos objetos e, por exemplo, às sensações de frio e calor.

O processo cognitivo segue adiante, e as ideais simples são combinadas, formando ideias mais complexas, que abrangem a relação entre os seres. Assim, temos a ideia de um ser específico segundo a ideia simples que abarca aquele conjunto de seres.

Logo em seguida, há a combinação de ideias complexas em uma nova síntese, que, por sua vez, gera a ideia abstrata. Essa forma de ideia tem caráter mais geral do que a ideia complexa, um caráter que engloba os pontos comuns dos objetos em questão formando uma noção geral e abstrata do objeto. É justamente a ideia abstrata que proporciona as noções gerais das coisas, as quais ficam impregnadas no intelecto.

Assim, de elementos simples provindos da experiência chegamos às ideias abstratas.

Todo esse processo remete à questão do que conseguimos conhecer sobre a realidade. Temos impressões sobre as coisas, mas não conhecemos a substância delas. Conhecemos as qualidades primárias do objeto, como a extensão e a solidez, qualidades que são objetivas porque são inerentes aos objetos. Conhecemos as qualidades secundárias, como as cores ou os odores, qualidades que dependem do sujeito.

É possível, ainda, ao intelecto realizar relações entre as ideias. Esse processo se dá a partir do confronto de uma ideia com outra, isto é, a partir de um paralelo entre elas.

Nesse ponto, é oportuno trazermos à tona a crítica de Locke à noção de substância. Após o exame do funcionamento do intelecto, podemos afirmar que o conceito de *substância em geral* difere do conceito de *substância em particular*, a qual se refere às ideias que temos quando colecionamos ideias simples, isto é, quando temos uma ideia complexa.

Já a substância em geral designa a noção de uma "realidade que subjaz à realidade" e traz toda a carga metafísica da tradição filosófica, vinculando esse conceito ao de *essência*, que faz os objetos serem o que são, e não outra coisa. Isso significa que, ao termos acesso às qualidades primárias, podemos verificar os aspectos do objeto, como a extensão; mas, quando indagamos sobre a natureza da própria extensão, ou seja, o que a sustenta, encontramos um limite intransponível. Eis as palavras do filósofo:

> *Se cada um de nós examinar a respeito da substância em geral, verá que não tem outra ideia senão a suposição de não sei quê, que serve de suporte às qualidades que produzem em nós ideias simples. Em geral essas qualidades são chamadas acidentes. Se alguém perguntar pelo substrato ao qual aderem a cor e o peso, responder-se-á que este substrato são as partes extensas e sólidas. E se perguntar a que coisa aderem a solidez e a extensão, só poderá responder, na melhor das hipóteses, como o hindu, que afirmou ser o mundo sustentado por um grande elefante; tendo-se-lhe perguntado em que coisa se apoiava o elefante, respondeu que sobre uma grande tartaruga. Como ainda lhe fosse perguntado em que coisa se apoiava a tartaruga, respondeu: em alguma coisa que não sei qual seja. A ideia à qual damos o nome geral de substância não é outra coisa senão este apoio suposto, mas desconhecido, das qualidades existentes de fato.* (Mondin, 2013, p. 120)

Nosso intelecto não tem capacidade para adentrar o terreno da substância geral e não podemos ter a experiência dela. Nesse ponto, o inatismo da substância é colocado em xeque e cai por terra, porque nos basta a via da experiência para conhecer.

Eis o ponto oportuno para indagarmos sobre o valor do conhecimento; afinal, se a questão da substância universal fora colocada em xeque, como podemos delimitar a abrangência do conhecimento? É possível conhecermos o objeto no sentido de ele pertencer à realidade, mas não temos acesso a algo além daquilo que a experiência nos proporciona.

E qual é o material do conhecimento? O material do conhecimento são as ideias. De forma mais específica, elas são o material do conhecimento e este se constitui na junção, na reunião de ideias e na possibilidade de concordância ou discordância entre elas.

As ideias concordam ou discordam quando ocorre a intuição ou a demonstração. Conhecemos essa realidade externa a partir de nosso conhecimento intuitivo, que é capaz de perceber o que há de semelhante ou diferente entre duas ideias. Assim, sabemos que o ar é diferente da água e que as cores marrom-claro e marrom-escuro se assemelham em um aspecto. Percebemos a semelhança e a diferença entre as ideias de forma imediata. Na demonstração, por sua vez, notamos a semelhança e a discordância entre as ideias não de forma imediata, mas de maneira mediata. A mediação ocorre por outra(s) ideia(s), e essa forma de proceder refere-se ao cômputo da razão, isto é, ao raciocínio que elabora nexos entre ideias.

Um ponto sensível da filosofia de Locke é a questão da existência de Deus. Como vimos, o filósofo criticava a noção de substância em geral; porém, ele realizou um raciocínio sagaz que apontava para a existência de Deus.

Com efeito, em primeiro lugar, não se pode negar que algo existe. Essa realidade não pode, de fato, ter surgido do nada. Ou seja, há uma causa universal que criou todas as coisas, pois elas não poderiam simplesmente aparecer sem terem sido causadas. Dessa forma, utilizando o conhecimento demonstrativo, conhecimento que relaciona ideias mediante de um nexo de causalidade, Locke chegou à noção da existência de Deus como o criador de todas as coisas, pois é preciso uma causa que "sustente" a realidade externa a nós. A própria consciência de si do indivíduo no mundo mostra que há algo que o antecede, pois outras coisas já estavam no mundo antes do aparecimento dele. Assim, temos a noção de um ser poderosíssimo que fez tudo e que sempre existiu porque tudo criou; esse ser é Deus.

> *Por certeza intuitiva o homem sabe que* O PURO NADA NÃO PRODUZ UM SER REAL MAIS DO QUE NÃO POSSA SER IGUAL A DOIS ÂNGULOS RETOS; *se um homem não sabe que um não ente ou a ausência de todo ser não pode ser igual a dois ângulos retos, é impossível que conheça uma demonstração qualquer de Euclides; por isso, se nós sabemos que há algum ser real e que o não-ente não pode produzir um ser real, essa é a demonstração evidente de que* ALGO EXISTE DESDE A ETERNIDADE, *porque aquilo que não existe desde a eternidade teve início e aquilo que teve início deve ter sido produzido por alguma outra coisa.* (Locke citado por Reale; Antiseri, 1991a, p. 522, grifo do original)

Em seguida, de forma surpreendente, o filósofo inglês menciona a ideia da existência de Deus comparando-a ao conhecimento proporcionado pelos sentidos:

> *está claro para mim que temos um conhecimento da existência de Deus que é mais certo do que qualquer outra coisa que os nossos sentidos nos tenham imediatamente manifestado.* OUSO DIZER, INCLUSIVE, QUE CONHECEMOS QUE HÁ UM DEUS COM MAIS CERTEZA DO QUE CONHECEMOS QUE EXISTE QUALQUER OUTRA COISA FORA DE NÓS. *E, quando digo que "conhecemos", entendo que há em nós, em nosso alcance, um conhecimento que não podemos deixar de ter se a ele aplicarmos o nosso espírito como fazemos a muitas outras investigações.* (Locke, citado por Reale; Antiseri, 1991a, p. 522, grifo do original)

3.4.1 Locke: a ética e a política

As considerações éticas e políticas de John Locke vão ao encontro da vertente empirista de seu pensamento; nesse sentido, podemos caracterizá-la como uma ética utilitarista e voltada ao prazer (hedonista). É natural o indivíduo agir de forma a buscar a satisfação de seus desejos (estado natural), mas, ao mesmo tempo, ele tem a possibilidade de resguardar sua conduta para não efetivar sua ação no sentido de satisfazer-se e, ao mesmo tempo, prejudicar outrem. É necessário regular tal questão em termos de uma proposta que dê oportunidade a uma vida coletiva sadia.

O pensamento de Locke voltado para a questão política foi consagrado no livro *Dois tratados sobre o governo civil*. Nela, o filósofo trabalhou com a distinção entre o estado de natureza e o estado de sociedade, assim como Hobbes.

Para Locke, a necessidade do estado social emergia da forma inconstante e instável do estado de natureza. Neste, há insensatez e imprudência, marcas de uma instituição jurídico-social inexistente.

Dessa frouxidão quanto ao uso indevido da força, plenamente possível no estado de natureza, surge o desejo de delegar poder à entidade estatal para a elaboração de leis que mitiguem ações de um indivíduo que prejudique ou que, de alguma forma, cause dano a outro indivíduo. Ou seja, o Estado tem dois poderes: o de legislar (legislativo) e o de executar as leis (executivo).

Dessa maneira, faz-se um contrato entre os indivíduos, válido para todos os participantes, que estipula ao Estado o dever de cuidar dos interesses da coletividade e, mais do que isso, resguardar os direitos naturais de cada indivíduo. O Estado tem seu sustentáculo na racionalidade. No pensamento político lockeano, ocorre um vínculo entre o direito natural e a razão. É possível à razão "vislumbrar" o caráter igualitário entre os homens e o direito natural que pertence a cada um deles (à vida, à liberdade, à propriedade).

O indivíduo, aqui, não abdica de seus direitos. Pelo contrário, o Estado está presente para cuidar desses direitos naturais aos indivíduos e associados à pessoa que os porta, como a propriedade privada (porque é fruto de seu trabalho), a proteção à vida, à liberdade. Todavia, vale a ressalva de que tais direitos nem sempre serão exercidos de forma integral.

Essa situação pode ocorrer quando o bem da sociedade está ameaçado, como no caso de uma condenação por crime em que a pena seja a privativa de liberdade. O indivíduo condenado é privado de sua liberdade para que os membros da sociedade não corram o risco de sofrer alguma forma de prejuízo resultante da ação do meliante. Mesmo assim, o poder do Estado é limitado, não absoluto. O limite do Estado é a manutenção dos direitos cuja defesa está na origem de seu surgimento. Caso não ocorra tal função, o indivíduo tem o direito de insurgir-se contra o Estado.

3.4.2 Locke e a religião

O empirista inglês é amplamente conhecido por seus escritos sobre a tolerância religiosa. De início, Locke afirmava que não cabia ao Estado definir questões sobre a religiosidade. Como pressuposto da paz em termos sociais, era necessário permitir que novas vertentes religiosas tivessem a possibilidade de existir. O uso da força ou o constrangimento do Estado no que se refere ao assunto religioso, no sentido de promulgar determinada religião como oficial, não era admissível, até mesmo pela defesa do direito natural da liberdade de escolher determinado credo.

Os escritos lockeanos alcançaram a questão religiosa com *A racionalidade do cristianismo* e com o *Ensaio sobre as epístolas de São Paulo*. Encontra-se nas duas obras uma interpretação dos ditames da doutrina cristã. No primeiro livro, o filósofo, entre outras considerações, afirma o limite entre a razão e a fé, apontando que cada uma ocupa sua respectiva seara. Ademais, a investigação realizada por Locke tinha como alvo a identificação da verdade suprema do cristianismo, da verdade pela qual todas as outras verdades são encontradas e que faz um cristão, de fato, ser um cristão. Qual é essa verdade? É a identidade da figura de Jesus Cristo como filho de Deus.

Do autor, ver:

- *Epístola sobre a tolerância* – 1689;
- *Dois tratados sobre o governo* – 1690;
- *Ensaio acerca do entendimento humano* – 1690;
- *Pensamentos sobre a educação* – 1693;
- *Racionalidade do cristianismo* – 1695.

3.5
George Berkeley (1685-1753)

O irlandês George Berkeley nasceu no condado de Kilkenny e realizou seus primeiros estudos no Trinity College, em Dublin, na Irlanda, onde mais tarde veio a tornar-se professor. A divergência que deu início aos seus escritos era contra os materialistas; dessa disputa nasceu sua obra *Tratado dos princípios do conhecimento humano*. Posteriormente, Berkeley explicou o *Tratado* condensando seu conteúdo no livro *Três diálogos entre Hylas e Philonous*. Interessado na evangelização dos americanos, Berkeley chegou a passar determinado período de sua vida na América Central, onde serviu como missionário. Após regressar ao Velho Continente, dedicou-se à vida religiosa e tornou-se bispo de Cloyne.

A obra de Berkeley é marcada por um aspecto notório de vida: a dedicação à **religiosidade**. Dessa forma, seus escritos foram de encontro aos argumentos dos materialistas (sobretudo dos hobbesianos), opondo-se ao materialismo com raciocínios que apontam para a impossibilidade de a matéria sustentar a si própria de maneira autônoma, isto é, sem o caráter espiritual. De forma mais específica, a matéria somente tem perspectiva por conta, unicamente, do espírito, que, por si, proporciona o que denominamos de *realidade*.

Berkeley começou por questionar como temos acesso às coisas externas ao sujeito. E isso ocorre com uma distinção entre as qualidades primárias e secundárias, já citadas quando nos referimos aos pensamentos de Galileu Galilei e de Locke. Lembremos, então, que as primeiras se referem ao objeto e as segundas, ao sujeito.

No entanto, ao considerarmos com mais acuidade a formulação teórica sobre as qualidades, notaremos que as qualidades primárias são objeto de conhecimento pelas vias das qualidades secundárias. Em última análise, estas proporcionam o conhecimento daquelas. Sendo as qualidades secundárias circunscritas ao sujeito que conhece, as primárias têm fundamento menos no objeto e mais no sujeito. Ou seja, as qualidades primárias não concernem ao objeto, mas são consequências das qualidades secundárias, que estão no sujeito. Logo, conhecer a realidade é a realização plena do sujeito e independe de algo externo a ele.

No mesmo sentido, Berkeley trabalhou com a questão de a realidade ser apenas uma ideia ou representação do sujeito, de forma que os objetos são "objetos passivos do conhecer". Isso significa que a realidade é unicamente conhecida (e não incita ou provoca os sentidos do observador que conhece) e que a objetividade (das qualidades primárias) é colocada em xeque. Nas palavras do filósofo:

> *É evidente para quem quer que examine os objetos do conhecimento que eles são: ideias impressas aos sentidos no momento atual; ideias percebidas atentando para as emoções e os atos da mente; ou, por fim, ideias formadas com a ajuda da memória e da*

imaginação, reunindo, dividindo ou apenas representando as ideias originariamente recebidas pelos (dois) modos anteriores. (Berkeley, citado por Reale; Antiseri, 1991a, p. 540)

Além disso, Berkeley esclareceu a origem dessas ideias, objetos do conhecimento, da seguinte maneira:

É da vista que obtenho as ideias da luz e das cores, com seus vários graus e suas diferenças. Com o tato, percebo o duro e o macio, o quente e o frio, o movimento e a resistência etc., tudo isso em quantidade ou em grau maior e menor. O olfato me fornece os odores; o gosto me dá os sabores; o ouvido transmite à mente os sons, em toda sua variedade de tons e combinações. (Berkeley citado por Reale; Antiseri, 1991a, p. 540)

Então, podemos afirmarmos que existe um vínculo entre o conceito de *ideia* e o conceito de *sensação*; por fim o que conhecemos são as sensações que temos. Dessa forma, culminamos no princípio pelo qual todas as coisas existem, princípio que envolve o "ser" das coisas (enquanto elas existem) e a percepção que temos dessas coisas, ou seja, *esse est percipi* (ser é ser percebido):

Todos devem reconhecer que nem os nossos pensamentos, nem os nossos sentimentos, nem as ideias formadas pela imaginação podem existir sem a mente. Mas, para mim, não é menos evidente que as várias sensações, ou seja, as ideias impressas aos sentidos, por mais fundidas e combinadas que estejam (ou seja, quaisquer que sejam os objetos compostos por elas), não podem existir senão em uma mente que as percebe.
(Berkeley citado por Reale; Antiseri, 1991a, p. 546)

O filósofo ainda argumenta:

Toda a ordem dos céus e todas as coisas que enchem a Terra, em suma, todos aqueles corpos que formam a enorme base do universo não tem nenhuma existência sem uma mente, pois o seu esse consiste em ser percebidos ou conhecidos. Por conseguinte, enquanto não são percebidos atualmente por mim, ou seja, enquanto não existem na minha mente nem na de qualquer outro espírito criado, eles não existem em absoluto ou, caso contrário, existem na mente de algum Espírito Eterno. (Berkeley, citado por Reale; Antisseri, 1991a, p. 547, grifo do original)

3.5.1 Berkeley e a existência de Deus

Após as considerações sobre as ideias, as sensações e a percepção que temos das coisas, passemos à questão da existência de Deus e à forma pela qual o filósofo a equacionou.

Há dois pontos que devem ser considerados. O primeiro refere-se à forma pela qual as ideias são manifestadas. De modo mais específico, o sujeito tem a sensação de maneira completamente independente de sua vontade. Quando, por exemplo, sem querer, toca um objeto quente, sente o calor em seus dedos; o sujeito não tem a capacidade de não sentir seus dedos sendo impactados pelo calor. E, se encosta novamente em outro órgão do corpo na mesma superfície quente, sente as consequências desse ato pelos sentidos. Tal ação pode se repetir no mesmo dia ou meses depois, mas a regularidade da percepção (sentir com o tato o impacto do calor) permanece. O exemplo serve para mostrarmos, primeiro, como as ideias independem do sujeito; elas "ocorrem" mesmo sem a vontade dele. Entretanto, surge a pergunta: O que ou quem as causa? Deus.

O segundo ponto refere-se à ordem das ideias (sensações) que provêm da experiência. De fato, podemos afirmar que há uma sucessão de ideias na experiência que tem regularidade e estabilidade em suas manifestações. Podemos tomar o exemplo anterior do contato com o corpo quente para apreciar a questão, pois, de acordo com a regularidade e a estabilidade, podemos prever que, ao tocarmos a superfície quente, sentiremos a sensação de calor. Pouco relevante é a quantidade de calor sentido, e a possibilidade de realizarmos o nexo causal entre um acontecimento e outro independe do período de tempo em que a ação ocorra. Assim, voltemos para outra questão: Quem ou o que mantém essa regularidade quanto às ideias (sensações)? Deus.

a admirável conexão dessa (série ordenada de ideias) demonstra por si só a sabedoria e a benevolência do seu Autor. E as regras fixas, os métodos segundo os quais a Mente da qual dependemos suscita em nós as ideias dos sentidos, são chamadas "leis da natureza". E nós as captamos por meio da experiência, que nos ensina que estas ou aquelas ideias se acompanham por estas ou aquelas outras, no curso ordinário das coisas. (Berkeley citado por Reale; Antiseri, 1991a, p. 548)

3.5.2 Berkeley e o nominalismo

O nominalismo pode ser caracterizado como a doutrina pela qual as ideias universais não passam de meros nomes e não têm existência efetiva como "pano de fundo" dos fenômenos.

Berkeley foi contrário à noção da existência de uma ideia universal e abstrata que designa um gênero de coisas. Não há que se falar em generalização de determinada ideia, como se esta tivesse existência própria completamente desvinculada da experiência.

O que temos é a ideia (sanção) de calor ou, ainda, a ideia da cor de determinado objeto. Isto é, temos apenas ideias particulares. Inexiste uma noção abstrata e geral, como "a ideia abstrata de cachorros"; há, somente, a cor de determinado cachorro que está sendo observado.

Isso pode ser verificado pelo próprio desenvolvimento da filosofia de Berkeley, que indica para a noção fundamental da existência das coisas vinculada à percepção que se tem delas. Se não ocorre percepção, não há existência.

O posicionamento do filósofo quanto à questão da universalidade da ideia abstrata indica que ela tem apenas caráter ilusório. E, da mesma forma, tal parecer ocorre para o conceito de uma "substância" das coisas existente de forma autônoma em relação à experiência.

3.5.3 Berkeley e o cristianismo

Não se pode negar o caráter apologético da filosofia de Berkeley para com o cristianismo; a própria biografia do filósofo mostra o respeito e o apego à religiosidade. Porém, sem dúvida, é seu imaterialismo filosófico a maneira eloquente de defender tanto o espírito do homem (alma) como o espírito que a tudo mente para com a parte exterior ao homem (leis naturais).

Na obra *Alcifrone*, escrita em forma de diálogo, temos a apologia do cristianismo espalhada aos quatro cantos. O argumento do filósofo de demonstrar a força do cristianismo recai de forma incondicional sobre a questão da revelação e seu papel na doutrina cristã. Sem ela, a religião não causa impacto no indivíduo. Há, ainda, a defesa de Berkeley ao cristianismo, quando ele sustenta que a doutrina tem maior relevância do que as outras práticas religiosas. Esse livro não deixa de ser uma resposta aos chamados *livres pensadores* da época em que ele viveu. Estes formavam um círculo filosófico que propunha o uso da racionalidade e da ciência para explicar os fenômenos em detrimento do aspecto sobrenatural e dos dogmas da religião.

Do autor, ver:
- *Tratado sobre os princípios do conhecimento humano* – 1710;
- *Três diálogos entre Hylas e Philonous* – 1713;
- *Alcifrone* – 1732;
- *Siris* – 1744.

3.6
David Hume (1711-1776)

David Hume *nasceu* na cidade escocesa de Edimburgo. Iniciou sua formação educacional, preparando-se para ser advogado, mas desistiu da empreitada, pois o interesse era mais da família do que dele próprio. Depois, partiu para a atividade comercial na qual, obteve novo fracasso.

Hume, de fato, tinha interesse pelo estudo da literatura; o que mais o atraía eram os clássicos e a filosofia. E, com fervor, dedicou-se aos estudos, a ponto de ter problemas de saúde. Mas foi justamente desse esforço monumental que surgiu uma obra magnífica, de três volumes, cujo título é *Tratado sobre a natureza humana*. A envergadura da obra não refletia, em intensidade, o pouco sucesso que obteve; a insignificante apreciação da obra pelo público abalou o filósofo. A fama e o reconhecimento viriam posteriormente, com suas obras sobre os princípios da moral e sobre a história da Inglaterra.

Por um período determinado, ocupou a função de secretário de autoridades renomadas, sendo, por exemplo, secretário do general Saint Clair; em outras épocas, executou funções de governo, como secretário do embaixador da Inglaterra em Paris. A primeira função proporcionou ao filósofo várias viagens pelos países da Europa, e a segunda o levou até a França, onde teve contato com o círculo de iluministas franceses.

Fato famoso na biografia de Hume foi o período durante o qual acolheu Rousseau em sua residência, na Inglaterra. Rousseau, entretanto, que tinha mania de perseguição, não permaneceu por muito tempo com Hume, acusando-o de tramar contra ele.

3.6.1 Hume e a teoria do conhecimento

Para Hume, a fonte do conhecimento é a experiência; porém, de forma mais específica, podemos conhecer apenas as impressões que temos do objeto. Em outras palavras, o conhecimento é a representação que fazemos das coisas. Eis, então, o limite a que podemos chegar como seres cognoscentes: ter **impressões** (dos fenômenos) e **ideias** (dessas impressões).

Hume esclareceu a diferença entre o conceito de *ideia* e o de *impressão* no intuito de clarificar a maneira pela qual um e outro vêm à tona. E a diferença é límpida: temos impressões, pois elas são fruto daquilo que passa pelas nossas vias dos sentidos. Mas, de forma pormenorizada, podemos designar a impressão como a vivacidade com que tais sentidos são percebidos em nossas mentes; pensamos sobre as impressões que temos e, quando ocorre o pensamento sobre elas, temos remotamente a noção delas de forma opaca e com menor intensidade em comparação com a sensação delas. Assim, quando tocamos uma pedra de gelo, sentimos o reflexo do toque como frio e sentimos a vivacidade com que ocorre a sensação como impressão. Posteriormente, quando pensamos no frio que sentimos ao tocar a pedra, temos a ideia daquela impressão, mas tal ideia não tem o mesmo caráter realístico causado pela impressão.

Assim, é preciso esclarecer que as ideias são fruto unicamente das impressões e que as impressões não são fruto das ideias – eis a marca do empirismo humeano. Logo, toda impressão tem seu equivalente como ideia. Em outros termos, toda sensação tem seu equivalente como pensamento.

Podemos dividir as impressões em simples e complexas e as ideias também em simples e complexas. A característica fundamental da impressão simples e da ideia simples é a unicidade, isto é, a impossibilidade de dividi-la. Temos, por exemplo, a impressão do calor e a ideia de calor. Isto é, a impressão simples gera a ideia simples. Já a impressão complexa e a ideia complexa resultam da soma de impressões simples e ideias simples (que podem ser combinadas pela faculdade intelectiva). Isto é, há um caráter de semelhança quanto à qualidade das impressões e das ideias.

Mais do que isso, é preciso deixar claro que as ideias são fruto unicamente das impressões, e não o contrário, ou seja, as impressões como fruto das ideias. Logo, toda impressão tem seu equivalente como ideia. Em outros termos, toda sensação tem seu equivalente como pensamento. Eis, dessa forma, o aspecto causal entre as impressões e as ideias.

Apontamos que as ideias complexas podem ser fruto da combinação de ideias simples, trabalho realizado pela faculdade intelectiva. Esse processo ocorre conforme algumas regras e pode ser especificado em conformidade com dois conceitos: o de *memória* e o de *imaginação*.

A memória nos proporciona a capacidade de retenção da ideia, e a imaginação trabalha com a concatenação das ideias. Mas o processo de concatenação das ideias não ocorre ao acaso. Há regras específicas que fazem uma ideia ser atraída a outra na mesma proporção que a força gravitacional da Terra atrai a pedra que cai. São elas:

- semelhança;
- contiguidade;
- causalidade.

Assim, nas palavras de Hume:

Se as ideias fossem inteiramente desligadas e desconexas entre si, somente o acaso poderia ligá-las. Mas é impossível que as próprias ideias simples se reúnam regularmente em ideias complexas (como acontece comumente) sem um laço que as ligue entre si, sem uma propriedade associativa, sem que uma ideia introduza naturalmente outra. Esse princípio de união entre as ideias não pode ser considerado como uma conexão indissolúvel: com efeito, esse tipo de ligação nós já excluímos da imaginação. Mas também não devemos concluir que, sem esse princípio a mente não pode ligar duas ideias: com efeito, não há nada de mais livre do que aquela faculdade. Assim, nós devemos considerá-lo simplesmente como uma DOCE FORÇA QUE HABITUALMENTE SE IMPÕE, *sendo, entre outras coisas, a causa do fato de as línguas terem tanta correspondência entre si: a natureza que indica para cada um as ideias simples mais adequadas a serem reunidas em ideias complexas. As propriedades que dão origem a essa associação e fazem que a mente seja transportada de uma ideia para outra são três:* SEMELHANÇA, CONTIGUIDADE *no tempo e no espaço e* CAUSA E EFEITO.

(Hume, citado por Reale; Antiseri, 1991a, p. 561, grifo do original)

Temos, então, as regras pelas quais as ideias se associam formando ideias complexas; dessa forma, podemos verificar como David Hume analisava as diferentes ideias complexas. Estas podem ser de substância, modo (acidente) e de relação.

Lembremos que as ideias complexas são fruto da soma de ideias simples ou da concatenação de ideias segundo a semelhança, a contiguidade e a causalidade. Assim, as ideias de substância e de modo não passam da comunhão de ideias singulares e não têm existência própria e universal. Tal constatação é estendida para toda ideia que comporte a noção de universalidade.

Quando pensamos na ideia de homem, por exemplo, o fazemos a partir da impressão de homens de diferentes raças. Ou seja, temos impressões complexas, as quais se transformam em ideias complexas e que, posteriormente, pelo trabalho intelectual, são elencadas todas como espécie de um mesmo gênero (ideia universal de homem). Por que são elencadas dessa forma? Porque apresentam semelhanças inequívocas, sendo abarcadas em um conjunto único de ideias. Ao ouvirmos o som da palavra que referencia um objeto, por exemplo, temos a noção do objeto particular em questão por mero hábito, no sentido de que determinada palavra faz emergir da lembrança determinada ideia (do objeto particular).

A palavra desperta uma ideia individual e, juntamente com ela, certo hábito. E esse hábito produz toda outra ideia individual, conforme o que requer a ocasião. Mas, como é impossível, na maioria dos casos, a produção de todas as ideias às quais o nome pode ser aplicado, nós abreviamos esse trabalho, limitando-o a uma consideração mais restrita. Sem que surjam dessa abreviação muitos inconvenientes para os nossos raciocínios. Nesse trabalho, UM DOS FENÔMENOS MAIS EXTRAORDINÁRIOS *é que, produzida pela mente uma ideia individual e pondo-nos a raciocinar com base nela, se por acaso fazemos um raciocínio que não concorde com outra ideia individual,* O HÁBITO QUE ACOMPANHA A PRIMEIRA IDEIA, *despertado pelo* TERMO GERAL OU ABSTRATO, *sugere muito mais a segunda.* (Hume, citado por Reale; Antiseri, 1991a, p. 563-564, grifo do original)

O "trabalho extraordinário" ao qual se refere Hume nessa citação está relacionado ao caráter de abstração realizado pela mente – trabalho que é difícil de ser explicado pelo empirismo. Contudo, mesmo com tal dificuldade, notemos que a ideia abstrata de homem não é autônoma ou universal, mas, provém de ideias particulares oriundas, em última instância, da experiência evocada pela intervenção da palavra e com o auxílio da memória. Eis o nominalismo de Hume.

3.6.2 *A questão da causalidade*

Chegamos a um dos pontos nevrálgicos da filosofia de David Hume: a crítica à noção de causa e efeito. Abordamos anteriormente a questão da substância e do modo, mas ainda nos resta a análise das ideias de relação. Estas envolvem dois grupos. O primeiro refere-se às ideias que trabalham apenas com o desenvolvimento e a relação entre as ideias. É o caso da matemática ou da geometria. Temos, por exemplo, a operação mental, que ocorre quando temos a soma dois mais dois, que resulta em quatro. Esse procedimento requer mero exercício mental e apenas o cômputo e o trabalho da razão.

O segundo grupo de ideias de relação refere-se àquelas que podemos desenvolver com o auxílio dos fenômenos, isto é, tendo como apoio a dinâmica dos fenômenos, mas sem a evidência deles. Assim, temos alguns exemplos conhecidos, como: "O sol nascerá amanhã" ou "Onde há fumaça, há fogo". Quando examinamos tais proposições, vemos como as ideias podem se relacionar tendo como base a noção de causa e efeito segundo a experiência que temos dos fenômenos. O filósofo foi categórico ao afirmar que "Todos os raciocínios que dizem respeito à realidade dos fatos parecem fundados na **relação de causa e efeito**. É só graças a essa relação que nós podemos ultrapassar a evidência de nossa memória e dos sentidos" (Hume, citado por Reale; Antiseri, 1991a, p. 565, grifo do original).

Surge, então, a questão: Como dar valor de verdade ou falsidade para um grupo de ideias que faz menção aos fatos, considerando que elaboramos tais ideias? Podemos atribuir valor de verdade ou de falsidade para a relação entre ideias porque elas têm como base o princípio da não contradição: um triângulo equilátero não pode ser ao mesmo tempo um triângulo escaleno, e dois mais dois não pode resultar três ou cinco.

Hume, então, investigou o processo de causa e efeito. Como é possível termos a noção de causa e efeito? Nascemos com ela ou a desenvolvemos aos poucos? Se a desenvolvemos, como ocorre o processo?

Quando, por exemplo, olhamos pela janela de uma casa e vemos a neve, sabemos que o clima está gelado e que podemos passar frio se sairmos de casa sem uma roupa adequada. Construímos facilmente um nexo causal entre as situações. Mas imaginemos que tal situação fosse completamente nova: E se não tivéssemos noção de que a neve resulta de condições climáticas de baixa temperatura? E se a sensação de frio não estivesse vinculada a tais condições climáticas? Poderíamos, dessa forma, deduzir, sem a experiência, que o clima estaria frio? No exemplo, conseguimos vincular as ideias da neve e do frio porque já tivemos a experiência desses acontecimentos e porque conjugamos uma ideia com a outra – pela regularidade da experiência anterior, afirmamos "está frio lá fora porque neva". Ou seja, a relação de causalidade provém da experiência.

De forma mais específica, é pelo hábito de perceber a sucessão que ocorre entre o antecedente e o consequente, isto é, de identificarmos a causa e o efeito da causa na experiência, que somos levados a afirmar que uma determinada causa terá determinado resultado. Tal afirmação é justificada pelo histórico que temos referente ao fato de "aquela causa preceder aquele efeito". Assim, a noção de causa e efeito provém unicamente da experiência.

Mas é preciso fazer uma observação relevante sobre o ponto em questão: temos o hábito de afirmar que, havendo determinada causa, ocorre determinado efeito e somente isso. A noção de causalidade é instintiva e subjetiva e depende meramente do sujeito, e não dos objetos envolvidos na relação de causalidade.

Hume definiu a questão do hábito, ou seja, do costume que temos de apontar que determinada causa incorrerá em determinado efeito, como uma **crença** que se cristaliza. Dessa maneira, temos a noção de uma causalidade que necessariamente ocorrerá. Quando enunciamos "O sol nascerá amanhã", temos a crença de que tal situação ocorrerá em conformidade com o hábito (costume) que temos. Mas é preciso deixar claro que essa noção é apenas uma crença, isto é, uma convicção íntima de que ocorrerá determinada consequência dada uma circunstância.

O mesmo raciocínio pode ser feito quando temos não uma situação idêntica a outra, mas semelhante: temos a convicção íntima de que a mesma consequência ocorrerá.

Na filosofia de Hume, a crença, como convicção íntima, é designada como um sentimento e não tem relação com a razão. Mais do que isso, para o filósofo escocês, a operação mental que ocorre ao esperarmos determinada consequência segundo prévias circunstâncias refere-se a um sentimento que é naturalmente instintivo.

3.6.3 Sobre as coisas em geral e a questão do "eu"

Estabelecida a crítica à causalidade, é necessário apontar o reflexo da crítica quanto aos objetos em geral. O que são as coisas em geral? São um conjunto de impressões. Percebemos os conjuntos de impressões de forma compacta a ponto de relatarmos que aquilo que percebemos em determinado período de tempo no passado causa-nos exatamente a mesma percepção quando vivenciado no presente. Acreditamos que é exatamente a mesma coisa. Mas esse parecer não é senão o reflexo da crença. Esta surge pela regularidade e constância com que as coisas "*aparentemente*" se apresentam. E, com efeito, a palavra correta é *aparentemente*, porque as impressões que temos sugerem um pano de fundo para as coisas que remete à ideia de substância ou de essência de determinada coisa em virtude do caráter de coalisão entre as variadas impressões. E a faculdade que trabalha essa noção é a imaginação.

Em outros termos, imaginamos o que denominamos *coisas*, mas, na verdade, temos apenas impressões e não há que se colocar um valor de objetividade nelas. O que permanece é a crença instintiva na realidade das coisas.

Quanto à questão da existência do "eu", Hume criticou de forma contundente essa noção. Ao realizar o mesmo procedimento de análise da possível existência das coisas e chegando à conclusão de que elas não passam de impressões e ideias, a mesma conclusão se estende para a noção de "eu". Somos, também, um conjunto de impressões, e a ideia de "eu" é apenas uma crença, assim como as outras coisas. Temos a noção de um "eu" estático quando pensamos sobre nosso mundo interno e pessoal porque entra em cena, com grande vulto, a faculdade da memória (juntamente com a fantasia).

3.6.4 *A existência de Deus*

Cabe adentrarmos a questão da existência de Deus com base nas considerações de Hume sobre o conhecimento. É possível falarmos em Deus como um ser onipotente e onipresente sabendo que aquilo que consideramos como realidade representa somente a percepção que temos sobre ela, e não ela em si, estando, mais do que isso, cônscios da inexistência da noção de "eu"?

Além disso, perante as considerações feitas pelo filósofo sobre a questão de a causalidade ser resultado de um hábito, cabe o seguinte questionamento: Como fica a questão da existência de Deus? Se a realidade exterior ao sujeito é meramente objeto de crença, então simplesmente não há que se falar em ir além da percepção.

Logo, as noções de Deus como inteligência suprema ou como causa primeira de todas as coisas são noções que, explicadas pela filosofia de Hume, não têm fundamento. A noção de Deus como inteligência provém da semelhança entre a noção que temos de inteligência humana e a que propomos para a existência de "uma inteligência superior à humana", isto é, Deus. A noção de causa primeira não se sustenta porque, quando examinamos a causa que gera determinada consequência e perguntamos sobre a origem dessa causa, percebemos que ela é efeito de outra causa, e assim sucessivamente. Ou seja, é praticamente impossível delimitar a causa única, porque várias causas convergem para delimitar uma consequência. Dessa forma, a existência de Deus é completamente indemonstrável.

3.6.5 A moral

Quando Hume iniciou sua análise sobre a questão da moralidade, ele o fez a partir da **teoria das paixões**, exposta no *Tratado sobre a natureza humana* e estendida para a obra *Pesquisa sobre o fundamento da moral*. E o ponto inicial da discussão reside na teoria sobre a origem das paixões. Há dois tipos de paixões: as que derivam da oposição entre dor e prazer e as que pertencem a um outro grupo, ao qual o filósofo atribuiu várias paixões, como o orgulho, a humildade, a inveja, a malignidade, e as que delas derivam.

Na teoria das paixões, Hume apontou o significado dos conceitos de *virtude* – vinculado ao prazer – e *vício* – vinculado ao desprazer. Ou seja, o homem busca aquilo que dá prazer e afasta-se do que proporciona desprazer. Nessa perspectiva, temos a noção de vontade de um indivíduo como fruto das paixões também, já que abrange a noção da busca pelo prazer e do afastamento da dor. Se a vontade de um sujeito é fruto das paixões, isto é, se o movimento que impulsiona a conduta do indivíduo é passional, então, não cabe afirmar, em hipótese alguma, que a razão possa ser a vertente principal pela qual são regidas as ações. De fato, não há espaço para a razão em âmbito moral:

Como, por si só, a razão nunca pode produzir uma ação ou suscitar uma volição, daí infiro que essa mesma faculdade é igualmente incapaz de obstaculizar uma discussão ou de disputar a preferência a alguma paixão ou emoção. Tal consequência é necessária, pois é impossível que a razão possa ter esse segundo efeito de obstaculizar uma volição sem dar um impulso em uma direção contrária à nossa paixão: agindo sozinho esse impulso não estaria em condições de produzir uma volição. Nada pode obstaculizar ou reduzir o impulso de uma paixão senão um impulso contrário. Se esse impulso contrário surgisse da razão, isso significaria que esta última faculdade deveria ter uma influência originária sobre a vontade e deveria estar em condições, não apenas de impedir, mas também de causar algum ato de volição. (Hume, citado por Reale; Antiseri, 1991a, p. 572)

Então, qual é o fundamento da moral? O fundamento da moral está no sentimento, e não na razão. E em que sentimento? No sentimento de prazer ou de dor. Nesse ponto, referimo-nos ao prazer ou à dor particular de cada indivíduo.

No entanto, há um passo a mais que precisa ser dado para compreendermos a questão do fundamento da moralidade na filosofia humeana: a noção de desinteresse. Como tal noção entra em cena? Para o filósofo, o sentimento moral ultrapassa a noção daquilo que causa prazer ou desprazer para o próprio indivíduo e, ultrapassando os limites da esfera particular, alcança a noção de dor e prazer em termos gerais, para a sociedade. Assim, uma ação moralmente boa ou moralmente má somente tem tal significado se for caracterizada dessa maneira, em conformidade com as consequências trazidas não apenas para o indivíduo, mas para a coletividade.

Nessa mesma toada, ocorre a temática do utilitarismo em termos morais. Aquilo que é útil proporciona notoriamente algum tipo de benefício, que pode ser avaliado em relação a uma dada satisfação. Novamente, entra em cena a perspectiva da coletividade em detrimento da individualidade, fazendo a noção de utilidade estar vinculada ao bem social, e não ao bem deste ou daquele indivíduo. De outra forma, o que faz bem para a sociedade é aprovado moralmente. Assim,

> *se a utilidade é uma fonte do sentimento moral e se não consideramos sempre essa utilidade em referência ao eu singular, segue-se então que* TUDO O QUE CON≠ TRIBUI PARA A FELICIDADE DA SOCIEDADE *granjeia diretamente a nossa aprovação e a nossa boa vontade. Eis um princípio que, em boa medida, explica a origem da moralidade.* (Hume, citado por Reale; Antiseri, 1991a, p. 575-576, grifo do original)

3.6.6 O ceticismo de Hume

A doutrina do conhecimento de David Hume desemboca no ceticismo. Isso ocorre porque, em primeiro lugar, o filósofo apontou limites claros para o conhecimento, os quais se referem às impressões (simples e complexas) e às ideias (simples e complexas) que temos. Mais ainda, a noção de causa e efeito está calcada na crença.

Assim, temos um caráter duplo na filosofia humeana, porque há um questionamento quanto às várias áreas do saber sobre tais saberes;

por outro lado, não podemos afirmar que o pensamento de Hume é categoricamente e completamente cético.

E o que salva seu pensamento dessa postura radical é justamente a crença e seu caráter instintivo. É por ele que podemos dar respostas e realizar suposições, mesmo que imperfeitas e limitadas, mas suficientes para que possamos dar passos seguros em nossa existência. E a crença provém da experiência, e não do trabalho da racionalidade. Ou seja, ao mesmo tempo que a dúvida é colocada pelo pensamento humeano, é respondida com a experiência e a crença. Dessa forma, podemos definir Hume como um cético mediano, e não como um radical, se comparado aos céticos helenistas.

Do autor, ver:

- *Tratado da natureza humana* – 1740;
- *Investigações sobre o entendimento humano* – 1748*;
- *Investigação sobre os princípios da moral* – 1751;
- *História da Inglaterra* – 1754;
- *História natural da religião* – 1757;
- *Ensaios morais, políticos e literários* – 1742.

---

* O *Tratado da natureza humana* é obra fundamental para a filosofia de Hume e foi publicado em 1740. Posteriormente, a mesma obra, com modificações, foi novamente publicada, sob o título *Investigações sobre o entendimento humano*.

Síntese

Neste capítulo, vimos que, para Francis Bacon, o conhecimento científico tinha finalidade prática, e não teórico-especulativa. Ainda, obervamos que é relevante para o sujeito desvincular-se de preconceitos que possam eivar o juízo na construção do conhecimento. Assim, segundo Bacon, quatro eram os vícios que precisariam ser eliminados, aos quais chamou de *ídolos* (caverna, tribo, foro e teatro). Vimos também que o método indutivo baconiano partia da análise de uma série de fatos particulares até alcançar a lei geral que rege os fenômenos envolvidos na observação.

Outro filósofo de grande importância, Thomas Hobbes, propôs uma metafísica de viés materialista em que as sensações tinham papel fundamental para a elaboração do conhecimento. Em termos políticos, Hobbes mostrou a diferença entre o estado de natureza e o estado civil – este emerge para precaver a injustiça que pode decorrer das relações sociais se uma pessoa segue meramente seu instinto egoísta.

Vimos também que, sob a perspectiva lockeana, o intelecto é uma tábua rasa e vazia e tudo o que está no intelecto precisa necessariamente ter passado pelos sentidos. O pensamento político de Locke tem viés utilitarista, visando ao benefício da coletividade. Seu discurso preconiza a valorização dos direitos individuais, da liberdade e da propriedade privada.

Ainda, analisamos que Berkeley afirmou a insustentabilidade da matéria e defendeu a ideia de que ela somente teria realidade graças ao espírito. O sujeito conhece apenas sensações, e não propriamente o objeto; ele sente tais sensações porque tem aquilo que as proporciona, ou seja, a mente.

Por fim, vimos que, para David Hume, a fonte do conhecimento provém da experiência, isto é, temos impressões das coisas; as ideias são fruto das impressões. A questão da causalidade estaria vinculada ao hábito que temos de perceber o nexo causal dos fatos de determinada maneira. O hábito gera a crença, e a moral tem como fulcro o sentimento.

Atividades de autoavaliação

1. Há dois aspectos que Hobbes leva em consideração para delimitar em seu pensamento a possibilidade de todas as coisas. Isto é, o caráter ontológico da filosofia de Hobbes deriva dos seguintes conceitos:
    a) *res cogitans* e *res extensa*.
    b) mente e substância.
    c) corpo e substância.
    d) corpo e movimento.

2. A *vindemiatio prima* se refere, na filosofia de Bacon:
    a) à segunda coleta de dados para a formulação da hipótese com vistas à solução de um problema.
    b) à solução definitiva do problema.
    c) à dedução da solução de um problema pela via matemática.
    d) à primeira coleta de dados e à formulação da hipótese para a solução do problema.

3. Qual foi o interesse de John Locke ao elaborar a obra *Ensaio sobre o entendimento humano*?
    a) Estabelecer os limites e as potencialidades do intelecto.
    b) Estabelecer a diferença entre as noções de mente e de espírito.
    c) Esclarecer que o intelecto somente tem acesso ao conhecimento pela via matemática.
    d) Apontar a deficiência do intelecto para conhecer Deus.

4. Em termos morais, a ética humeana tem como fundamento:
   a) o sentimento.
   b) a razão.
   c) o dever em agir corretamente.
   d) a ideia de substância.

5. Para Francis Bacon, qual era a finalidade do conhecimento científico?
   a) Especulativa.
   b) Teorético-prática.
   c) Metafísica.
   d) Prática.

6. Julgue como verdadeira ou falsa a assertiva a seguir:

   Francis Bacon adota o método indutivo como metodologia para o conhecimento científico nas mesmas bases observadas na filosofia aristotélica sobre a indução.

7. Os ídolos da tribo se referem:
   a) ao respeito para com a autoridade dos ídolos.
   b) às limitações dos sentidos.
   c) às limitações de cunho pessoal.
   d) às limitações dos significados das palavras.

8. O processo indutivo refere-se:
   a) à análise de dados particulares para alcançar a lei geral que rege os fenômenos observados.
   b) à análise de aspectos gerais para chegar a uma conclusão sobre dados particulares.

c) à análise de dados relativos somente a questões teórico-especulativas.
d) Nenhuma das alternativas anteriores.

9. Julgue a assertiva a seguir como verdadeira ou falsa:

Na filosofia moral de Hume, a racionalidade tem papel fundamental, conduzindo a vontade para a ação moral universalmente válida.

10. Segundo Bacon, é oportuno não observar meramente os fatos, mas catalogá-los com acuidade e especificidade. Por que tal procedimento deve ser realizado?
a) Para que seja possível delimitarmos a unidade na aparente diferença dos fenômenos.
b) Para que a essência de cada fenômeno analisado se torne evidente ao pesquisador.
c) Para que, a partir da catalogação dos fatos, possamos chegar a conclusões específicas sobre determinado gênero de fenômenos.
d) Para que ocorra a mera enumeração dos fatos observados.

11. Analise se a afirmação a seguir é verdadeira ou falsa:

A filosofia política hobbesiana serve como justificativa do absolutismo monárquico porque nela o homem aliena sua liberdade em favor da segurança contra possíveis injustiças nas relações sociais. Assim, o rei não precisa levar em conta a vontade dos súditos para tomar decisões.

12. A ideia de Deus, para Hume, não tem fundamento, tendo em vista que:

   a) a noção de causa primeira é insustentável porque, ao examinarmos os nexos causais, não conseguimos encontrar senão variadas sucessões de causas que convergem para delimitar uma consequência.

   b) a noção de causa primeira é equivalente à de crença.

   c) a noção de causa primeira é equivalente à de hábito.

   d) a noção de causa primeira é fruto de impressões, e estas têm fundamento ontológico.

13. Avalie a afirmação a seguir como verdadeira ou falsa:

   Não há ideias inatas na filosofia de Locke. Além disso, somos incapazes de conhecer as substâncias das coisas. Conhecemos delas as qualidades primárias e secundárias. Estas dependem do sujeito, e aquelas se referem ao objeto.

Atividades de aprendizagem

Questões para reflexão

1. É possível o hábito da vida comunitária sem o estabelecimento de regras comuns aos indivíduos? Ou, em outras palavras, as normas são desnecessárias?

2. Se levarmos em consideração apenas o que percebemos pelos sentidos, analise qual seria a resposta à seguinte pergunta: "Ao olhar para o céu e ver o Sol indo de um ponto a outro do horizonte, é válido afirmarmos que é o Sol que gira em torno da Terra?". Discuta com seus colegas sobre acontecimentos em que os sentidos nos

informam determinados dados e, por conta destes, tiramos determinadas conclusões, mas, posteriormente, verificamos que estávamos errados.

Atividade aplicada: prática

Procure em mais de um dicionário de filosofia o significado das palavras *indução* e *experiência* e enumere os pontos mais importantes de cada definição em duas fichas pautadas. Cada ficha deve se referir a uma palavra.

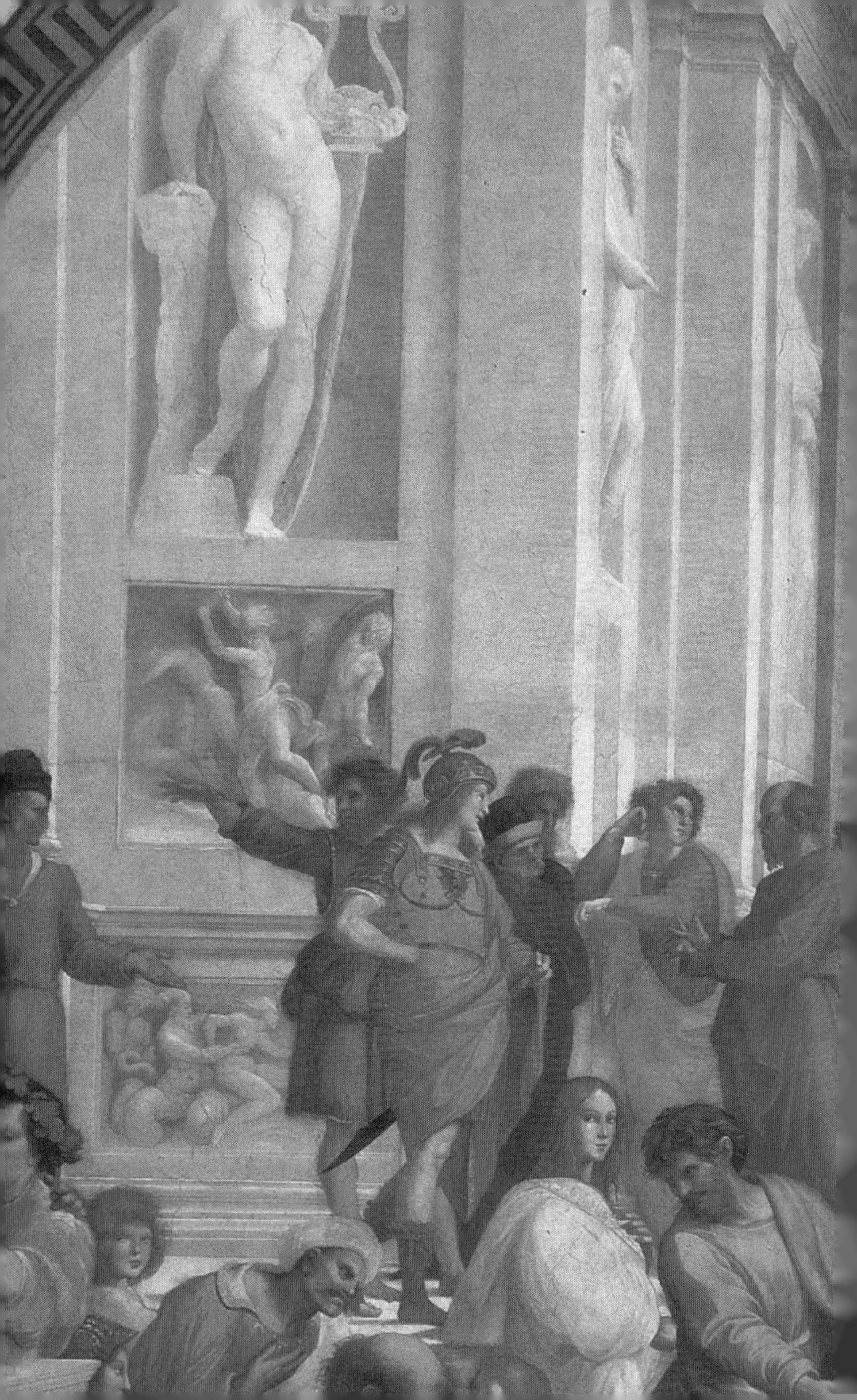

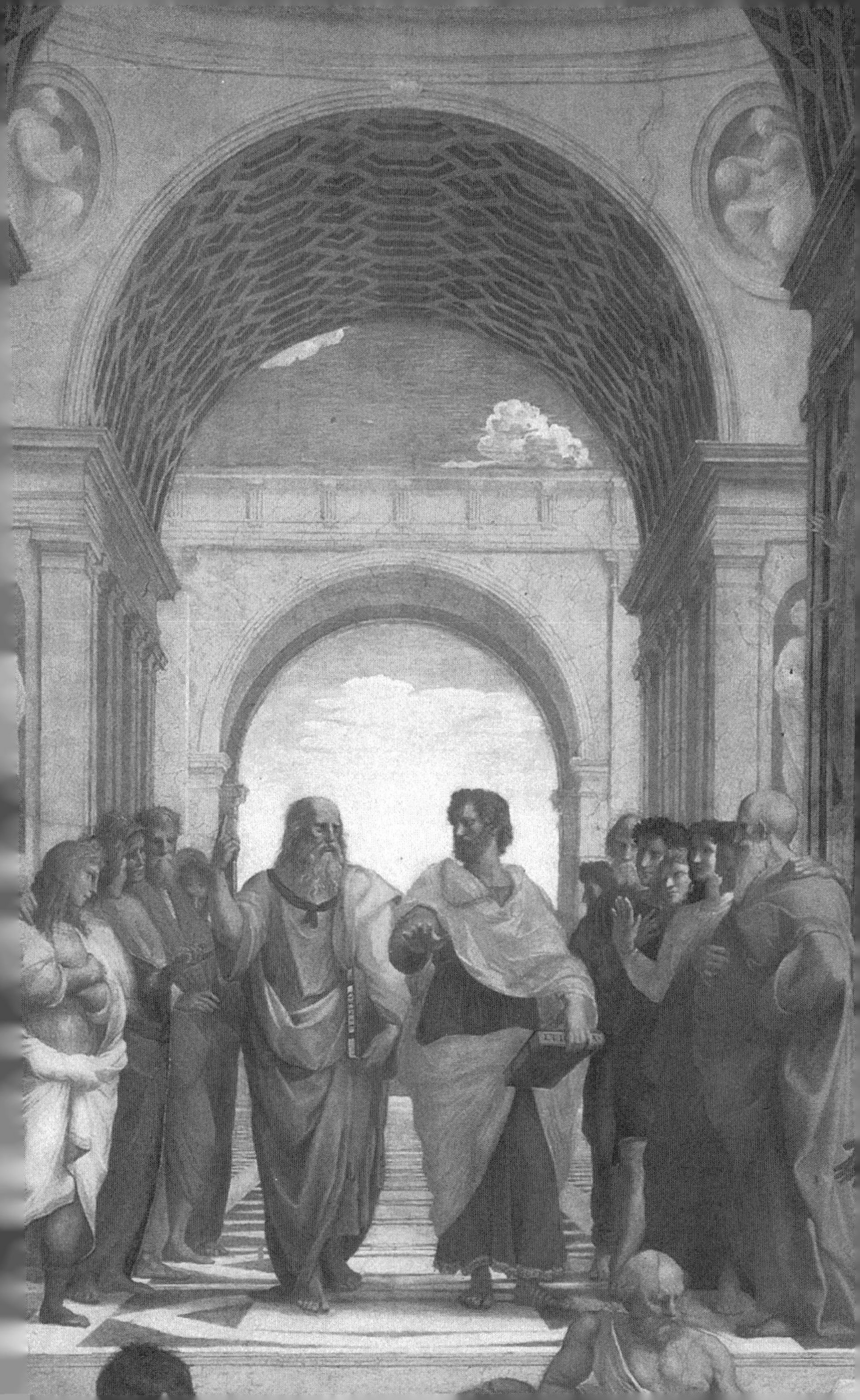

4

O racionalismo

O capítulo anterior destinou-se ao estudo dos filósofos empiristas, enquanto o presente tem como objetivo o estudo dos principais expoentes do movimento racionalista. Para os filósofos racionalistas, de maneira antagônica aos empiristas, a origem do conhecimento está na primazia da razão perante os dados fornecidos pelos sentidos. Se o processo indutivo e a ciência experimental são o método de análise e a seara de conhecimento do empirista, a dedução e as ciências exatas (matemática, geometria) são, respectivamente, o método e o campo de ação do racionalista. Vamos examinar o pensamento dos principais expoentes desse movimento.

4.1
René Descartes (1596-1650)

René Descartes é considerado o primeiro filósofo da modernidade e o próprio "pai da filosofia moderna". De fato, sua filosofia é marcante para o período em que foi elaborada.

Podemos verificar, por exemplo, que Descartes tinha como motivação para sua proposta filosófica a questão do conhecimento, tema amplamente discutido pelos filósofos da modernidade. Incorporado à discussão sobre o conhecimento está o exame do próprio sujeito como "sujeito que pensa". O exame dessa noção tornou-se paradigmático para a filosofia moderna e trouxe consequências extraordinárias para o pensamento da época e também para a contemporaneidade. A filosofia cartesiana tem como contexto a influência dos avanços da ciência e a emergente confiança do ser humano, que, de forma autônoma em relação a qualquer interferência sobrenatural, tira suas próprias conclusões quanto ao conhecimento da dinâmica da natureza e da forma pela qual tal conhecimento proporciona a manipulação dos fatos naturais.

Descartes nasceu no seio de uma família que pôde proporcionar-lhe a possibilidade de se dedicar aos estudos. De início, frequentou um colégio jesuíta e teve formação em matemática, teologia e na área das humanidades. No entanto, apesar da abertura para a matemática e do estudo de questões de âmbito científico, quanto ao aspecto filosófico, a fonte dos ensinamentos eram a escolástica e os tratados teológicos. O filósofo desaprovava o teor de seus estudos e não negava seu desapontamento quanto a eles. A decepção estava impregnada inclusive no que se refere à matemática, que o atraía por proporcionar maior grau de certeza quanto aos resultados obtidos.

Confuso quanto ao caminho traçado até então, ele concluiu seus estudos em direito. Posteriormente, partiu para a carreira militar e tornou-se soldado. Foi na Holanda que escreveu sua primeira obra, *Tratado sobre o mundo e sobre o homem*, mas não a publicou porque temia represálias quanto ao conteúdo, haja vista a condenação de Galileu e a morte de Giordano Bruno na fogueira. De fato, Descartes aprovava o heliocentrismo* de Copérnico e expunha suas razões para ter tal postura no *Tratado*. Ainda assim, o filósofo não publicou oficialmente a obra.

Seus estudos sobre metafísica o haviam levado a um caminho que resultaria em uma obra marcante para a filosofia cartesiana e para a modernidade: o *Discurso sobre o método*, composto por uma discussão sobre as regras pelas quais a razão deve ser conduzida corretamente.

Posteriormente, ainda na Holanda, publicou as *Meditações metafísicas*, obra que pode ser considerada sua "grande obra filosófica". Antes da publicação, vários pensadores (Hobbes, Arnauld etc.) eminentes da época tiveram acesso ao texto e fizeram suas devidas críticas, as quais foram recebidas e avaliadas por Descartes. A obra foi publicada com as observações feitas por esses pensadores que tiveram acesso prévio ao texto e com as respostas de Descartes às críticas.

Reunindo suas considerações sobre a relação entre filosofia e ciência, de modo a constituir um compêndio de sua filosofia, o filósofo elaborou os *Princípios de filosofia* em quatro volumes. Após a publicação dessa

---

* Doutrina astronômica em que o Sol é posicionado no centro do sistema e os planetas giram em torno dele. O vocábulo *geocentrismo*, por outro lado, refere-se à doutrina segundo a qual o planeta Terra está posicionado no centro do sistema e os outros planetas giram em torno dele.

obra, Descartes já se tornara conhecido em toda a Europa e recebia tanto o aplauso de alguns como as críticas vorazes de outros. Um destes foi o teólogo Gusbert Vöet, a cujas críticas respondeu com uma epístola, além de Boécio, que acusou o filósofo francês pela prática de ateísmo. Na Holanda, escreveu a obra *As paixões da alma*; depois, partiu para a Suécia a convite da rainha Cristina para fundar a Academia de Ciências. São famosos os encontros entre Descartes e a rainha para discutir pontos de seu trabalho e assuntos diversos porque ocorriam muito cedo, por volta das cinco horas da manhã, horário que era desfavorável ao filósofo, tendo em vista seu deficiente estado de saúde. Morreu vítima de pneumonia.

4.1.1 Do método

Com efeito, a época em que Descartes viveu foi um momento especial para a história da filosofia ocidental, tendo em vista, sobretudo, as novidades no ramo das ciências. Some-se a tais novidades o acesso ao conhecimento filosófico que Descartes teve enquanto estudava, conhecimento que para ele se refletia em descontentamento, insatisfação e confusão.

A filosofia escolástica fora marcada mormente por debates nos quais a lógica de Aristóteles tinha uso enquanto forma de disputa. A lógica aristotélica era importante porque instituía as leis formais do pensamento. Entretanto, Descartes apontou para a insatisfação quanto à metodologia tradicional, sendo esta útil para fins pedagógicos, mas não, com efeito, para a real descoberta da verdade. A lógica tradicional era útil para demonstrar, para falar ordenadamente sobre determinado tema, mas ela não iria adiante quanto à questão de quão corretas estariam as considerações feitas sobre um assunto. De fato, os estudiosos divergiam sobre uma determinada consideração, e tal diferença referia-se mais ao método utilizado na investigação do que à capacidade intelectual daquele que se dispõe ao exame:

> *O bom senso é a coisa mais bem distribuída do mundo: pois cada um pensa estar tão bem provido dele, que mesmo aqueles mais difíceis de se satisfazerem com qualquer outra coisa não costumam desejar mais bom senso do que tem. Assim, não é verossímil que todos se enganem; mas, pelo contrário, isso demonstra que o poder de bem julgar e de distinguir o verdadeiro do falso, que é propriamente o que se denomina bom senso ou razão é por natureza igual em todos os homens; e, portanto, que a diversidade de nossas opiniões não decorre de uns serem mais razoáveis que os outros, mas somente de que conduzimos nossos pensamentos por diversas vias. E não consideramos as mesmas coisas. Pois não basta ter o espírito bom, mas O PRINCIPAL É BEM APLICÁ-LO.*
> (Descartes, 2009, p. 5, grifo nosso)

O que isso significa? Significa que René Descartes buscou um método que proporcionasse uma certeza cabal sobre aquilo em que se debruça o intelecto; mais do que isso, desejou estabelecer um método que conduzisse com segurança a razão na busca pela verdade nas questões sobre a ciência. E, para o filósofo francês, a nova metodologia não estava nos ensinamentos tradicionais da filosofia.

A nova metodologia tinha como pressuposto ser rígida, no sentido de não permitir digressões insustentáveis, e clara, compreensível desde seu ponto mais elementar até a conclusão mais complexa, quanto ao exame dos problemas. Além disso, ela deveria servir como esteio para a confiança na capacidade racional, haja vista o desenvolvimento obtido nas áreas das ciências naturais que tão solenemente havia abalado o período histórico da época. Essas exigências eram fundamentais para a nova metodologia, que serviria como matriz teórica de resolução não para um problema de determinada área do saber, mas para todo e qualquer problema de qualquer seara do conhecimento. Em suma, Descartes queria um método universalmente válido. Onde encontrá-lo? Como proceder para formulá-lo? A aposta do filósofo, para cumprir as duras exigências apontadas, foi direcionada para o âmbito do raciocínio dedutivo-matemático, mais especificamente para a forma de raciocinar dos procedimentos geométricos:

> Estudara um pouco, quando jovem, entre as partes da filosofia, a lógica, e, entre as matemáticas, a análise dos geômetras e da álgebra, três artes ou ciências que pareciam dever contribuir um tanto ao meu propósito. Mas, ao examiná-las, atentei que, quanto à lógica, seus silogismos e a maior parte de suas outras instruções servem mais para explicar aos outros as coisas que se sabem, ou mesmo, como a arte de Lúlio, para falar sem discernimento daquelas que se ignoram, do que para aprendê-las; e, embora ela contenha efetivamente preceitos muito verdadeiros e muito bons, existem, misturados a eles, tantos outros que são nocivos ou supérfluos. [...] Depois quanto à análise dos antigos e à álgebra dos modernos, além de só se estenderem a matérias muito abstratas, e que parecem de nenhuma utilidade, a primeira está sempre tão restrita à consideração das figuras que não pode exercitar o entendimento sem fatigar muito a imaginação; e a última ficamos tão sujeitos a certas regras e a certos sinais, que dela se fez uma arte confusa e obscura que embaraça o espírito, ao invés de uma ciência que o cultive. Foi isto que me levou a pensar que cumpriria procurar algum outro método que, compreendendo as vantagens desses três, fosse isento de seus defeitos.

(Descartes, 2009, p. 31-32)

Assim, Descartes apresentou seu método, constituído por vinte e uma regras, no livro *Regulae as directionem ingenii*. O alvo do filósofo era **propor regras sintéticas que pudessem direcionar o espírito de forma complexa e que proporcionassem o maior grau de certeza possível conjugado com a simplicidade das regras**. Dessa forma, as vinte e uma regras foram sintetizadas em quatro passos que resultariam na clareza e precisão quanto ao exame do problema em questão.

A primeira regra consiste em

> *nunca aceitar coisa alguma como verdadeira sem que a conhecesse evidentemente como tal; ou seja, evitar cuidadosamente a precipitação e a prevenção, e não incluir em meus juízos nada além daquilo que se apresente tão clara e distintamente a meu espírito, que eu não tivesse nenhuma ocasião de pô-lo em dúvida.* (Descartes, 2009, p. 33)

Na primeira regra, temos de ressaltar o papel da **evidência** que ocorre quando a intuição entra em cena. A intuição está associada àquilo que é pensado não como forma derivada de outro pensamento, mas de modo a manter-se como pensamento claro e uniforme para com a razão e que se justifica por si. Ou seja, aquilo que é intuído é evidente à razão, tendo em vista a limpidez com que surge, e está presente para a razão. De fato, a **primeira regra é o primeiro e último passo a ser dado**, porque nessa nova trajetória do conhecimento toda constatação que gera dúvida ou que não é transparente e distinta à razão deve ser abolida.

Como alcançar a transparência e a distinção que leva à evidência? Agora que sabemos de onde temos de partir e aonde devemos chegar, vamos verificar quais são os passos dados para alcançar a clareza da evidência. Para isso, vejamos os outros três passos.

Quanto à segunda regra, temos a seguinte consideração: "[...] dividir cada uma das dificuldades que examinasse tantas parcelas quantas fosse possível e necessário para melhor resolvê-las" (Descartes, 2009, p. 34). Nesse ponto, é necessário separar em partes aquilo que é composto por uma série de elementos que, entrelaçados, formam um todo. Aquilo que é de difícil compreensão deve ser dividido em partes simples, em unidades, as quais devem ser inteligíveis (compreensíveis). Somente dessa forma a confusão pode dar lugar à clareza.

O terceiro passo consiste em "conduzir por ordem meus pensamentos, começando pelos objetos mais simples e mais fáceis de conhecer, para subir pouco a pouco, como por degraus, até o conhecimento dos mais compostos; e supondo certa ordem mesmo entre aqueles que não se precedem naturalmente uns aos outros" (Descartes, 2009, p. 34). Se no segundo passo decompomos os elementos de uma situação de difícil compreensão e fazemos isso até chegarmos aos pontos fundamentais daquela situação em questão, agora precisamos recompor os pontos simples até alcançar a complexidade novamente. Precisamos reconduzir os elos entre as partes, mas agora compreendendo as ligações entre cada parte, partindo do simples e chegando ao complexo. Nesse movimento de reestruturação, o que antes nos era obscuro e incompreensível quanto ao todo agora se torna compreensível.

Já o quarto passo indica o seguinte: "fazer em tudo enumerações tão completas, e revisões tão gerais, que eu tivesse certeza de nada omitir" (Descartes, 2009, p. 35). Quando enumeramos, fazemos uma lista do que ocorreu passo por passo, de forma sucessiva. Depois, realizamos revisões do processo, com o auxílio da enumeração, para que nenhum ponto seja deixado de lado da análise e para que o processo de síntese seja passível de compreensão. Desse modo, o que se busca é a compreensão na íntegra das partes, da conexão entre as partes e do todo. Ocorre, dessa maneira, o distanciamento da ignorância e da obscuridade com a finalidade de alcançar o conhecimento verdadeiro e a clareza da evidência.

Posteriormente, o filósofo conclui sobre os passos do método apresentado associando-o ao procedimento realizado pelos geômetras:

> Essas longas cadeias de razões, tão simples e fáceis, de que os geômetras costumam servir-se para chegar às suas mais difíceis demonstrações, levaram-me a imaginar que todas as coisas que podem cair sob o conhecimento dos homens encadeiam-se da mesma maneira, e que, com a única condição de nos abstermos de aceitar por verdadeira

alguma que não o seja, e de observarmos sempre a ordem necessária para deduzi-las umas das outras, não pode haver nenhuma tão afastada que não acabemos por chegar a ela e nem tão escondida que não a descubramos. (Descartes, 2009, p. 36)

Estabelecidos os passos a serem dados quanto ao itinerário de condução do intelecto para alcançar a verdade, era preciso **passar a limpo o conhecimento até então adquirido em conformidade com o método estabelecido**. O processo de análise sobre a validade da base do conhecimento até então formulado tem como primeiro passo **colocar em xeque o conhecimento tradicional, ou seja,** é preciso **fazer uma análise da base pela qual se fundamenta tal conhecimento**.

Tal análise abarca desde o saber que provém dos sentidos, o saber das constatações geométricas e chega até o saber matemático. Quanto aos primeiros, Descartes considerava sua fonte (sentidos) suspeita porque a constatação que fazemos pelos sentidos pode, em determinado momento, nos proporcionar determinada constatação e, em outro momento, a constatação dos mesmos elementos pode ser completamente diversa.

Em suma, os sentidos nos ludibriam. Com efeito, se levássemos em conta apenas a percepção sensorial, não hesitaríamos em afirmar que o Sol gira em torno da Terra. As constatações geométricas podem ser colocadas em xeque quando apresentam o menor sinal de equívoco, ou seja, quando partimos de uma forma errônea de concebê-las, e sobre elas podem ser formadas novas deduções. Quanto ao saber matemático, somos levados a crer, por tudo o que foi exposto até agora, que o filósofo apostaria na validade dessa forma de saber pela constância de seus resultados e por seu caráter universal. Mas vejamos as próprias palavras de Descartes para com essas modalidades de conhecimento:

Porque os nossos sentidos às vezes nos enganam, quis supor que não havia coisa alguma que fosse tal como eles nos levam a imaginar. E porque há homens que se enganam ao raciocinar, mesmo sobre os mais simples temas de geometria, e neles contêm paralogismos, julgando que eu era tão sujeito ao erro quanto qualquer outro, rejeitei como falsas todas as razões que antes tomara como demonstrações. E, finalmente, considerando que todos os pensamentos que temos quando acordados também nos podem ocorrer quando dormimos, sem que nenhum seja então verdadeiro, resolvi fingir que todas as coisas que haviam entrado em meu espírito não eram mais verdadeiras que as ilusões de meus sonhos. (Descartes, 2009, p. 57-58)

Em suma, não existe campo do saber que escape à varredura feita por Descartes. Além disso, não há seara do saber que não estremeça quando colocada em xeque pela dúvida hiperbólica, isto é, por uma dúvida ampliada e exagerada que passa por todos os terrenos do conhecimento. Por outro lado, a formulação não deixa de ser metódica, porque Descartes procurava um alicerce seguro em que pudesse confiar tendo em vista a base em que o saber tradicional estava estabelecido. Se, em um primeiro momento, é lançada a dúvida metódica que a tudo questiona, em um segundo momento, encontramos um ponto que passe incólume ao ataque da dúvida. Esse ponto seria uma base sólida o suficiente para que pudesse servir de esteio a outras deduções, agora, sim, plenas de segurança.

Descartes continuou a investigação do ponto arquimediano para a viabilidade de um saber seguro, chegando à questão sobre o próprio ato de pensar. Ora, se todas as verdades podiam ser colocadas em dúvida, era preciso investigar a própria dúvida. O ato de duvidar está associado ao pensamento. É pelo pensamento que construímos a dúvida, de forma que não se pode dissociar um do outro. Dessa forma, se duvidamos, pensamos e, se pensamos existimos. O que ocorre é o vínculo entre a existência e o pensamento.

Eis como chegamos ao ponto fundamental da filosofia cartesiana, o *cogito ergo sum*:

Mas logo depois atentei que, enquanto queria pensar que tudo era falso, era necessariamente preciso que eu, que o pensava, fosse alguma coisa. E, notando que esta verdade – penso, logo existo – era tão firme e tão certa que todas as mais extravagantes suposições dos cépticos não eram capazes de a abalar, julguei que podia admiti-la sem escrúpulo como o primeiro princípio da filosofia que buscava. (Descartes, 2009, p. 58-59)

Mas é preciso esclarecer que o *cogito ergo sum* não reflete o resultado de uma dedução feita por Descartes, mas de uma intuição primeira e fundamental que foi fomentada pela dúvida metódica. E o ponto é relevante porque o pensar e o existir são concomitantes: não é que um seja resultado do outro por vínculo lógico.

De fato, o que há de realmente verdadeiro, no sentido de que é indubitável, é o pensamento em duas perspectivas: a primeira como uma realidade pensante, uma "coisa pensante" (*res cogitans*) que pode ser constatada inclusive pela dúvida, e a segunda tendo o pensamento como substância, isto é, independente de outras constatações e como critério de certeza.

Dessa forma, retomamos a questão sobre a clareza e a distinção, critérios que fundamentam todo conhecimento verdadeiro. Em que ponto está o alicerce desses critérios para que a verdade seja alcançada? O alicerce está na consciência pensante, no "eu", porque ela mesma, por si, reflete a clareza e a distinção. Assim, temos o ponto de partida, a *res cogitans*, e o caminho a ser seguido, o método com as quatro formulações, para alcançarmos o conhecimento certeiro que está pautado pela clareza e pela distinção.

Devemos ressaltar que, com as considerações de Descartes, a filosofia tem um papel fundamentalmente voltado para a teoria do conhecimento. Mais do que isso, o ponto central do conhecimento não está no objeto que é conhecido, mas no homem, no sujeito portador da *res cogitans*, que é capaz de aplicar o método para conhecer corretamente. Temos ainda de apontar, dentro do quadro cartesiano, **que a aposta do filósofo no método e na *res cogitans* significa a aposta na razão humana** (e não nos sentidos ou na fantasia).

E qual é o lugar da razão na filosofia de Descartes? Para respondermos a essa pergunta, teremos de analisar os escritos do filósofo quanto à temática da alma. Esta não tem aspecto espiritual e sua gênese é atribuída a Deus. Por fim, a alma tem natureza imortal. Para o filósofo francês, a alma apresenta três faculdades. A primeira e a segunda faculdades são, respectivamente, a imaginação e a sensação; a terceira é a razão.

Além disso, antes de adentrarmos as considerações feitas por Descartes sobre a existência de Deus, cabe esclarecermos a diferenciação entre as formas de ideias. Há três tipos de ideias: as adventícias, as fictícias e as inatas. Estas são um conjunto de ideias que independem da vontade do sujeito e que remetem à noção daquilo que é perfeito, ou seja, da ideia de perfeição. Além disso, as ideias inatas são as ideias sobre a infinitude, por exemplo. Tais noções (perfeição e infinitude) são conceitos que o sujeito já traz consigo e, por isso, são inatas. As ideias fictícias remetem àquelas que decorrem da faculdade da fantasia. As ideias adventícias são aquelas cuja origem são as sensações proporcionadas pelos sentidos.

4.1.2 Quanto à existência de Deus

Para falarmos sobre a existência de Deus na filosofia de Descartes, devemos levar em conta o *cogito* e a possibilidade que este proporciona quanto à dúvida metódica, pois a existência de Deus não foi analisada pelo filósofo segundo as ideias provenientes da relação do sujeito com o mundo exterior, mas pelo exame da própria consciência como "coisa pensante".

A questão foi colocada claramente quando Descartes elaborou a análise da imperfeição do sujeito que pensa em comparação com a ideia de um ser perfeito. Como é possível a ideia de um ser perfeito pela consciência?

> *refletindo sobre o fato de que eu duvidava e de que, por conseguinte, meu ser não era completamente perfeito, pois via claramente que conhecer era maior perfeição que duvidar, ocorreu-me procurar de onde aprendera a pensar em alguma coisa mais perfeita que eu; e soube, com evidência, que devia ser de alguma natureza que fosse, efetivamente, mais perfeita.* (Descartes, 2009, p. 61-62)

Temos, com o trecho acima, a constatação de que é possível o sujeito pensar em um ser mais perfeito. Mas de onde provém essa possibilidade?

> *E como não repugna menos que o mais perfeito seja uma consequência e uma dependência do menos perfeito do que do nada proceda alguma coisa, tampouco não pode tirá-la de mim mesmo. De modo que ela só podia ter sido inculcada em mim por uma natureza que fosse verdadeiramente mais perfeita do que eu, e que até tivesse em si todas as perfeições de que eu poderia ter alguma ideia, isto é, para explicar-me, em uma só palavra, que fosse Deus. A isso acrescentei que, já que eu conhecia algumas perfeições que não possuía, não era o único ser que existia, mas necessariamente devia existir algum outro, mais perfeito do qual eu dependesse, e do qual tivesse adquirido tudo o quanto tinha.* (Descartes, 2009, p. 62-63)

Na última passagem, Descartes aponta para o inatismo da ideia de Deus, ou seja, é uma ideia que emerge com a consciência do sujeito. Este, conhecendo sua imperfeição, consegue pensar na perfeição, e isso somente ocorre porque o imperfeito (homem) não gera o perfeito (Deus). Há outro ponto importante quanto à prova da existência de Deus, denominada a "prova ontológica da existência de Deus", a qual consiste em associar a ideia de Deus com a sua existência na medida em que a concepção da ideia representa, de forma inequívoca, a própria existência.

Quando Descartes afirmou a impossibilidade de termos a ideia de Deus sem afirmarmos a própria existência de Deus e, ao concluir que a ideia de Deus nos é inata, isso significa que temos um sinal de Deus em nós, o qual está impregnado em nossa capacidade de pensar (em nossa *res cogitans*). E, dessa forma, o próprio *cogito* está alicerçado. O *cogito* tem seu alicerce em Deus.

Assim, podemos afirmar que nossa capacidade para o conhecimento tem um fundamento seguro e que a dúvida, que antes assombrava, agora passa a ser a certeza pela via do conhecimento (em Deus). Cabe afirmarmos ainda que o método está também justificado. Mais do que isso, a clareza e a distinção – o pano de fundo do conhecimento seguro – são sustentadas pelo ser que não erra, que é perfeito, imutável e verdadeiro, Deus. Tendo como esteio Deus, o *cogito*, ferramenta para o conhecimento, é capaz de formular o verdadeiro saber que não é corrompido pela dúvida.

Na realidade, podemos fazer uma objeção quanto ao que foi exposto no sentido de apontarmos que, mesmo sendo Deus (com todos os atributos que lhe são peculiares, como a "verdade") o fundamento da atividade do *cogito*, ao utilizarmos o instrumento do conhecimento (*cogito*), somos passíveis de realizar falsas conjecturas e chegar a falsas constatações. Como isso é possível? A falsidade pode ocorrer quando levamos em conta que o arrimo do *cogito* é portador da perfectibilidade, mas não aquele que detém o *cogito*, o homem. É preciso retomarmos o seguinte: o homem duvida e a dúvida provém de uma carência ou de uma lacuna que necessita ser suprida. O sujeito é imperfeito porque tem dúvidas. Deus é perfeito porque é a verdade. Assim, é passível ao homem o erro porque ele é limitado e corruptível.

4.1.3 O mundo físico

Após as considerações sobre o *cogito* e a existência de Deus no projeto filosófico cartesiano, é oportuno adentrarmos as explicações sobre o mundo físico e a forma pela qual o filósofo o explicou. De fato, estabelecido o método para alcançar o conhecimento verdadeiro, era preciso manter as regras metodológicas no exame filosófico quanto ao mundo físico e quanto à sua pluralidade de manifestações.

Lembremos novamente o pano de fundo da filosofia cartesiana: clareza e distinção – não aceitar ideia alguma que não seja clara e distinta. Como aplicar tal diretriz no mundo físico?

Descartes elaborou sua análise do mundo físico atribuindo a ele apenas dois aspectos fundamentais: a extensão e o movimento. A realidade não passa da combinação entre ambos e nada mais. Além dos atributos da extensão e do movimento, nada é necessário para explicar a realidade física. A extensão toma sentido de superfície como "coisa extensa" (*res extensa*), e o movimento possibilita a transição de uma forma para a outra da respectiva extensão.

Assim, temos o clássico exemplo da vela que, acesa, à medida que o tempo passa (movimento), tem sua superfície (extensão) alterada até que nada reste dela senão um amontoado de cera. Mas o amontoado de cera permanece como uma *res extensa* que posteriormente pode ser modificada (pelo movimento).

Com essa proposta, Descartes inaugurou uma nova perspectiva em relação à forma pela qual os filósofos medievais e da Antiguidade explicavam a realidade.

Então, constatando-se a extensão e o movimento como atributos da matéria, temos a divisão clássica da filosofia cartesiana que será parte do grande legado do filósofo para a posteridade, a divisão entre a *res cogitans* e a *res extensa*, isto é, a distinção entre o pensamento e a matéria.

No entanto, as considerações sobre a natureza do mundo material levam a outro ponto muito importante que deve ser ressaltado: a noção de extensão e de divisão da matéria em inúmeras partes, ou seja, a concepção de que nada de animista ou oculto está como pano de fundo das coisas, somada ao movimento – que possibilita novas formas para a matéria –, leva à afirmação de que o mundo é o reflexo de um ser mecânico composto por engrenagens e que, à medida que ocorre o movimento de uma, ocorre uma sucessão de consequências para a outra, e assim por diante. Em outros termos, a realidade não passa de um "relógio mecânico". Eis a noção mecanicista de mundo para Descartes.

Qual é a consequência da noção de mecanicismo para a realidade? Se a natureza não passa de extensão e movimento, pode-se facilmente dominar tal contexto com o uso do instrumento correto, a razão, instrumento da matemática, da geometria e da mecanização. De fato, a realidade pode ser manipulada porque inexistem elementos estranhos à razão ou incompreensíveis a ela que estejam ocultos nos objetos. Tudo é extensão e movimento, e tais atributos formam o centro nervoso da realidade.

Daqui por diante, todos os objetos são passíveis de análise pelo modelo mecânico. O corpo humano, por exemplo, equivale a uma máquina. Após o mecanicismo, cai a noção animista ou substancialista, e o real pode ser investigado de modo científico, no sentido de que a causa que gera determinado efeito não é sobrenatural ou substancial, mas pode ser averiguada no próprio fenômeno analisado. De forma mais precisa, a realidade pode ser quantificada e cabe à matemática mediar o cômputo. Você consegue notar como a filosofia cartesiana proporciona elementos para o surgimento de uma forma de ciência que não é meramente teórica ou contemplativa, mas que é efetiva, pois vincula o teórico ao prático no sentido de que a realidade pode ser trabalhada efetivamente? Não é justamente essa atividade que o cientista realiza em um laboratório? O cientista trabalha com a racionalidade quantificando os objetos passíveis de análise para manipulá-los de forma a obter determinado resultado.

4.1.4 O dualismo de Descartes

Anteriormente, citamos a distinção entre *res cogitans* e *res extensa*, e cabe ressaltarmos como essas noções são apontadas quando referentes ao ser humano, pois é justamente nele que esses âmbitos, distintos entre si, se encontram.

O encontro ocorre porque, ao mesmo tempo em que o homem é um ser pensante, e, por isso, existente, também é portador de um corpo, que é matéria e que sofre as mudanças ocasionadas pelo movimento, ou seja, o corpo possui extensão. Dessa forma, o homem é a comunhão entre corpo e alma. A essa noção distinta entre os dois campos dá-se o nome de *dualismo psicofísico*.

Segundo Descartes, há um ponto no qual a alma atua sobre a *res extensa*. Vejamos as palavras do filósofo, levando em conta que a glândula à qual Descartes de refere é a glândula pineal:

> *é preciso saber que, por mais que a alma esteja conjugada com todo o corpo, entretanto há no corpo algumas partes em que ela exerce as suas funções de modo mais específico que em todas as outras. (...) A parte do corpo em que a alma exerce imediatamente as suas funções não é em absoluto o coração e nem mesmo todo o cérebro, mas somente a parte interna dele, que é certa glândula muito pequena, situada em meio à sua substância e suspensa sobre o conduto através do qual os espíritos das cavidades anteriores se comunicam com os espíritos das cavidades posteriores, de modo que os seus mais leves movimentos podem mudar muito o curso dos espíritos, ao passo que, inversamente, as mínimas mudanças no curso dos espíritos podem levar a grandes mudanças nos movimentos dessas glândulas.* (Descartes, citado por Reale; Antiseri, 1991a, p. 386)

O vínculo entre a *res cogitans* e a *res extensa* foi objeto de intensos estudos do filósofo. Há duas obras sobre o tema, o *Tratado do homem* e *As paixões da alma*. Esta última está voltada para a questão ética, e aquela visa esclarecer as nuances sobre a relação entre corpo e alma. Entretanto, observemos que, mesmo com as considerações de Descartes sobre como corpo e alma estão vinculados um ao outro – ainda que tenham diferentes qualidades –, o assunto permaneceu vigente, sendo motivo de inúmeros questionamentos por parte dos filósofos.

A importância dessa questão (relação entre o corpo e a alma) estabelecida pelo cartesianismo pode ser constatada em filósofos que apregoam a preponderância da razão (em detrimento dos sentidos) para a elaboração do conhecimento e que apostam na concepção de ideias inatas (Deus, substância, alma). Em outros termos, a discussão sobre a relação entre corpo e alma não para com a filosofia de Descartes, mas avança tomando novas perspectivas com a reflexão elaborada por outros pensadores.

4.1.5 *Pontos relevantes sobre o cartesianismo*

Vamos ressaltar alguns pontos relevantes sobre a doutrina cartesiana que foram marcantes para a filosofia moderna. O primeiro deles refere-se à preocupação de Descartes com a questão da verdade do conhecimento e à elaboração de um método que proporcionasse clareza e distinção quanto ao que era analisado, para que, posteriormente, deduções seguras ocorressem. Essa metodologia veio a ter aspecto fundamental diante de outros problemas da filosofia, e da reflexão sobre ela surgiram consequências de suma importância para outras áreas do saber filosófico, ou seja, a epistemologia se sobrepõe às outras áreas da filosofia.

A diferença fundamental entre o pensamento e a matéria, aquele como *res cogitans* e esta como *res extensa*, é que o pensamento é, em natureza, completamente diverso da matéria pelo fato de não possuir extensão, e a matéria, com suas múltiplas formas, resulta do pano de fundo dos atributos da extensão (pode ser dividida) e do movimento.

As ideias inatas e a preponderância da razão como elementos essenciais ao conhecimento que proporciona a certeza apontam para a marcante noção subjetivista da filosofia de Descartes, que funda o movimento racionalista. O racionalismo terá outros expoentes de relevo, como Leibniz e Spinoza, que deixarão novidades em termos de reflexão filosófica: a questão da relação entre o corpo e a alma (dualismo psicofísico) e as nuances desse vínculo.

Do autor, ver:
- *Discurso sobre o método* – 1636;
- *Meditações metafísicas* – 1641;
- *Princípios de filosofia* – 1644;
- *As paixões da alma* – 1649;
- *Regras para a direção do espírito* (*Regulae ad directionem ingenii*) – 1701.

4.2
Nicolas Malebranche (1638-1715)

O pensamento de Descartes deixou marcas importantes que serviram de impulso ao desenvolvimento de novas filosofias, sobretudo por parte dos racionalistas. Veremos agora o primeiro deles: Malebranche. O ponto relevante na formação educacional desse filósofo está em seus estudos sobre as Escrituras Sagradas e sobre a doutrina de Santo Agostinho e, posteriormente, em sua ordenação como padre. De fato, veremos o caráter metafísico-religioso que tem seu pensamento, marca de sua educação também.

Há ainda mais um ponto ao qual devemos atentar: os estudos sobre o pensamento cartesiano. O primeiro livro de Descartes a que Malebranche teve acesso foi o *Tratado do homem*. Como vimos anteriormente, Descartes trabalhou a noção da relação entre o corpo e a alma de maneira a solucionar questões mais específicas da alma. A leitura do *Tratado* marcou profundamente Malebranche, que se dedicou ao estudo do cartesianismo posteriormente.

Com efeito, a filosofia de Descartes influenciou Malebranche pela questão da relação entre o corpo e a alma, mas somente quanto à temática, pois ele daria nova perspectiva ao tema, opondo-se a algumas considerações feitas por Descartes.

Iniciemos pela questão das ideias e da alma. Para Malebranche, não ocorre a ação do corpo sobre a alma e da alma sobre o corpo. Esta está separada tanto com relação aos objetos quanto com relação às outras almas. Tal posição de isolamento total da alma seria justificada se não houvesse a questão do conhecimento e a forma correta de conhecer as coisas. No entanto, conhece-se, ou seja, existe relação com o exterior e, como resultado dessa relação, ocorre o conhecimento. Resta, então, esclarecer como é possível o conhecimento tendo em vista o isolamento da alma.

É nesse ponto que entra em cena o papel de Deus na questão do conhecimento. De fato, a alma está isolada, mas o isolamento não é completo. O único vínculo que a alma tem é com Deus. E é por meio de sua figura, ou seja, pela perspectiva de Deus, que o conhecimento é possível.

Eis o momento oportuno para esclarecermos o conceito de *ideia* para examinarmos melhor a questão da possibilidade do conhecimento. A ideia do objeto é o conhecimento que temos dele e nada mais. Não conhecemos o objeto em si nem a relação entre os objetos (como o impacto que um causa no outro) porque até tal relação mecânica entre um objeto e outro é uma ideia (um conteúdo da mente).

Então, surge a questão: de que forma a ideia é possível? Para Malebranche, a resposta é inequívoca: as ideias são possíveis porque há uma ligação imediata entre a alma do sujeito (que conhece) e Deus. Ele representa o conjunto de todas as ideias, o mundo das ideias. Assim, o conhecimento somente é possível "em Deus". Note: Deus viabiliza o conhecimento porque é o próprio mundo das ideias!

É preciso ainda justificar ou negar a existência de um mundo externo ao sujeito. Podemos afirmar a existência do mundo externo tendo em vista que conhecemos impressões mentais da realidade, isto é, ideias? Sobre esse aspecto, Malebranche afirmou que a existência do mundo externo é certa por meio da **revelação**. Vejamos o que o filósofo entendia por *revelação* em uma passagem da obra *Conversações sobre metafísica*:

> Arísto – (...) Não temos necessidade de REVELAÇÃO para saber que temos um corpo: quando alguém nos dá uma alfinetada, nós o sentimos verdadeiramente.
>
> Teodoro – Sim, certo nós o sentimos. MAS ESSA SENSAÇÃO DE DOR QUE NÓS TEMOS É PRECISAMENTE UMA ESPÉCIE DE 'REVELAÇÃO'. Essa expressão vos causa impacto, mas precisamente por isso eu me sirvo dela, porque vós vos esqueceis sempre de que É O PRÓPRIO DEUS QUE PRODUZ EM VOSSA ALMA TODOS OS DIVERSOS SENTIMENTOS QUE VOS ATINGEM POR OCASIÃO DAS MUDANÇAS QUE ACONTECEM EM VOSSO CORPO EM CONSEQUÊNCIA DAS LEIS GERAIS DAS DUAS NATUREZAS QUE COMPÕEM O HOMEM.
>
> (Malebranche, citado por Reale; Antiseri, 1991a, p. 399, grifo do original)

Outro ponto relevante é a questão do conhecimento da alma. Segundo o filósofo, o conhecimento da alma está relacionado com o conhecimento da natureza da alma, ou seja, significa conhecer aquilo que antecede a alma e sua própria estrutura integralmente. Mas, se tivéssemos acesso a tal conhecimento, seria possível conhecer absolutamente todas as coisas e todas as categorias do próprio espírito. Com efeito, isso não ocorre. Mas cabe afirmar que temos uma alma. Com isso, é possível conhecê-la? Sim, por meio do que Malebranche chamou de *sentimento interno*.

É pelo sentimento interno de nossa existência, do sentimento interno de que somos "seres que têm desejos", de que somos "seres que têm experiências", que podemos conhecer a alma. Não podemos conhecê-la integralmente, mas em parte; assim, compreendemos que somos obscuros a nós mesmos quando nos referimos ao conhecimento da substância espiritual de nosso ser.

Resta-nos ainda a questão do conhecimento de Deus. Conhecemos Deus de forma direta e imediata porque temos a possibilidade de pensar nele. Mais especificamente, a possibilidade de pensar em Deus significa obrigatoriamente sua existência. E tal constatação é tão certa que podemos resumi-la na seguinte proposição: "Se posso pensar em Deus, então ele deve existir".

Para compreendermos a temática do conhecimento de Deus no pensamento de Malebranche, levamos em consideração a questão da **infinitude**, um atributo de Deus em oposição à finitude da matéria. Assim, Deus é a totalidade que ultrapassa a matéria e, por isso, o próprio Universo. A matéria (o Universo) está imersa em Deus, ou seja, ele contém tudo e, ao mesmo tempo, está em tudo. E, na mesma medida em que é infinito, é eterno. Por ser eterno, é imutável: inexiste o passado ou o futuro, há somente o presente. Ao esclarecermos esse ponto, compreenderemos como o pensamento malebranchiano leva a noção de Deus a um patamar ontológico.

Malebranche foi o maior expoente de um movimento filosófico denominado *ocasionalismo*, que reflete a ideia de que Deus é o responsável pelo vínculo entre o corpo e a alma no sentido geral. De forma mais específica, as "ações" da alma interferem no corpo, e as ações do corpo refletem na alma. Essas reações (ou reflexos) entre uma seara e outra (corpo e alma) são "ocasionais", isto é, são "ocasiões" que ocorrem, havendo manifestação da relação. No mesmo sentido, podemos tomar, como exemplo a ocasião em que um objeto em movimento bate em um objeto que está parado. O objeto parado entra em movimento. O que proporciona a transmissão do movimento dada a ocasião do impacto? É Deus quem proporciona. Assim, se a natureza é representada pelas mudanças e se estas são o efeito de uma causa, logo, as modificações da natureza somente podem ter como fundamento Deus.

Do autor, ver:
- *Da busca da verdade* – 1674;
- *Tratado da natureza e da graça* – 1680;
- *Tratado de moral* – 1684;
- *Conversações sobre a metafísica e a religião* – 1688.

4.3
Baruch Spinoza (1632-1677)

Proveniente de uma família abastada de origem judaica, Baruch Spinoza nasceu em Amsterdã, na Holanda. Estudioso aplicado, iniciou sua formação estudando a tradição judaica (*Talmude*) e a Bíblia. Além disso, teve acesso ao pensamento de vários filósofos, como Giordano Bruno e René Descartes, após ter aprendido a língua latina. À proporção que avançava em seus estudos, seus conhecimentos iam de encontro à fé judaica. Por ter grande capacidade intelectual e postura impassível diante do embate entre suas convicções e os ditames da fé judaica, teve opositores em seu encalço, até o momento de sua excomunhão.

As consequências da excomunhão não foram amenas para o filósofo, que se refugiou em pequenas vilas ao redor de Amsterdã, sobrevivendo do ofício de polir lentes óticas. Personalidades importantes da sociedade holandesa deram guarida a Spinoza e até ofereceram a ele uma pensão. O próprio pensador diminuiu o valor da pensão para apenas suprir suas necessidades fundamentais. Negou uma oferta de cátedra em Heidelberg no intuito de manter a liberdade intelectual. Várias obras do filósofo foram publicadas após sua morte, tendo em vista o temor de possíveis represálias tanto de católicos como de protestantes. Morreu no ano de 1677, vítima de tuberculose.

Não podemos negar o forte viés ético da obra de Spinoza, presente, sobretudo, em *Tratado sobre a emenda do intelecto*. Porém, mais do que isso, há uma reflexão ética envolvendo a busca pela felicidade por meio da análise das coisas às quais nos apegamos. Desejamos, para alcançar a felicidade, vários bens. Alguns deles são considerados incertos quanto à sua volatilidade, como a riqueza e a honra. Na verdade, são incertos quando considerados como fins em si mesmos, porque, ao serem considerados unicamente dessa forma, apresentam caráter danoso ao indivíduo. E há outros bens que não são incertos, mas que, por seu caráter diverso daqueles presentes tanto na riqueza quanto na honra, são bens certos que, de fato, proporcionam a felicidade e aos quais os homens podem se apegar seguramente. O "bem superior" ao qual o filósofo se refere vincula a natureza e a mente em um elo que tudo abarca. Enfim, o pensamento de Spinoza está voltado à existência humana e à forma pela qual ela é conduzida na busca pela felicidade. Nesse aspecto, diferencia-se do caráter gnosiológico da obra de Descartes.

Contudo, afirmado seu caráter ético, cabe apontarmos o aspecto geométrico-matemático do pensamento spinoziano. Há várias razões que podemos apontar para o uso da geometria e da matemática como metodologia de investigação filosófica, como o fato de proporcionar deduções com distinção e clareza.

A filosofia de Descartes já era prova suficiente da envergadura filosófica da obra de pensamento calcada no método matemático-dedutivo. A clareza proporcionada pelo método também difere completamente do rebuscado discurso religioso (rabínico). Ademais, o método proporciona um horizonte não meramente teórico, mas teórico-prático, na medida em que trabalha com a percepção que o sujeito tem segundo regras bem estabelecidas, evitando a excessiva abstração. Além disso, da mesma forma que Descartes percebe a realidade pelo processo mecânico, Spinoza afirma que a realidade somente pode ser concebida e compreendida como fruto de leis necessárias para a existência das coisas, sendo tais leis compreensíveis pela ordem matemática, isto é, pela faculdade racional. Em resumo, a busca pela felicidade ocorre mediante a perspectiva do intelecto puro da razão segundo a ordem matemática.

4.3.1 Deus

A grande obra do filósofo foi *Ethica*, composta de cinco partes. Spinoza inicia discorrendo sobre a noção fundamental de seu pensamento, a noção de Deus. Deus é a **substância**. A substância deve ser compreendida como algo que não necessita de uma causa para existir, mas que existe por si mesma e que se sustenta de forma autônoma em relação a qualquer outro princípio porque é o próprio princípio. Além disso, a substância existe porque de sua essência, que é causadora de si, decorre a existência obrigatoriamente. Eis o ponto ideal para apresentarmos as oito definições da *Ethica*, que são o alicerce da obra:

I. Por causa de si entendo aquilo cuja essência envolve existência, dito de outro modo, aquilo cuja natureza só pode ser concebida como existente.

II. É dita finita em seu gênero uma coisa que só pode ser limitada por outra de mesma natureza. Por exemplo, um corpo é dito finito, pois sempre concebemos outro maior. Igualmente, um pensamento é limitado por outro pensamento. Mas um corpo não é limitado por um pensamento, nem um pensamento por um corpo.

III. Por substância entendo o que é em si e se concebe por si: isto é, aquilo cujo conceito não precisa do conceito de outra coisa para se formar.

IV. Por atributo entendo aquilo que o intelecto percebe como constituindo a essência da substância.

V. Por modo entendo as afecções da substância, isto é, aquilo que é em outro e se concebe por outro.

VI. Por Deus entendo o ser absolutamente infinito, isto é, uma substância composta de infinitos atributos, cada um deles exprimindo uma essência eterna e infinita.

VII. Diz-se livre a coisa que existe somente pela necessidade de sua natureza e que é determinada a agir somente por ela: e necessária, ou compelida, aquela que é determinada por outras coisas a existir e operar de certa e determinada maneira.

VIII. Por eternidade entendo a própria existência concebida como o que se segue necessariamente da simples definição de coisa eterna. (Spinoza, citado por Mondin, 2013, p. 99-100)

Mais do que ser a causa de si, a substância (Deus) é: imutável, eterna, livre, única, infinita. Por ser livre, Deus é necessário. A consequência dessa necessidade é que todas as coisas provêm necessariamente de Deus (como substância). Assim, o que é o mundo? Trata-se de emanações da substância. Aqui, as noções de *atributos* e *modos* entram em cena para explicar como a substância se manifesta.

Spinoza entende por *atributos* "aquilo que o intelecto apreende como constitutivo da essência da substância" (Mondin, 2013, p. 102). Segundo o filósofo, há infinitas possibilidades de manifestação da essência da substância. No entanto, o pensamento e a extensão são atributos (da substância) que podem ser captados pelo intelecto. Ou seja, temos acesso à espacialidade dos corpos (*res extensa*) e ao pensamento (*res cogitans*). Nesse aspecto, a menção a Descartes é inegável; porém, temos de esclarecer que, para Spinoza, Deus não provém da ideia de perfeição – como para Descartes –, mas identifica-se com a substância que é causa de si.

A extensão e o pensamento são atributos da substância.

Com relação à noção de *modos*, Spinoza aponta que são "as modificações da substância, isto é, aquilo que existe em outra coisa através da qual também pode ser conhecido" (Spinoza, citado por Mondin, 2013, p. 103). Há dois tipos de modos: os finitos e os infinitos. Estes são de quatro espécies, sendo dois concebidos de maneira imediata pela substância (Deus) – o intelecto infinito e o movimento – e dois de maneira mediata (que derivam dos de forma imediata) – a configuração de todo o universo (movimento) e a ideia de Deus (intelecto infinito). Já os modos finitos são as coisas singulares em sua variada pluralidade e particularidade.

O que temos, em resumo, é a substância com seus atributos e modos e uma correspondência entre os diferentes atributos e os diversos modos, pois entre os atributos e os modos finitos estão os modos infinitos.

Assim, podemos afirmar que, assim como é necessário que um triângulo tenha três lados para ser um triângulo, é necessário que todas as coisas sejam como são porque emanam da substância (Deus).

Tudo contém a substância e tudo está contido nela. O mundo decorre da substância necessariamente como acontece com a exigência do número de lados de um triângulo. De fato, não há a possibilidade existir o acaso ou a possibilidade de algo ocorrer ou não. A contingência dá lugar à necessidade.

Eis o momento oportuno para apresentarmos dois conceitos importantes para Spinoza: a *natura naturans* e a *natura naturata*. O primeiro é identificado com a substância (Deus); o segundo está relacionado com o mundo através dos modos da substância. A natureza naturante é a causa, e a natureza naturada é o efeito dessa causa. Mais do que isso, a natureza naturada contém a natureza naturante. Assim, tudo está contido em Deus, e em todas as coisas Deus está presente. Essa perspectiva pode ser apontada como panteísta, isto é, há uma identidade entre o mundo e a substância. Não há separação entre Deus e a realidade. Por isso, o mundo não pode ser contingente, e reina de maneira imperiosa a necessidade, pois, sem ela, não haveria razão para o próprio mundo em si. Assim, tudo emana da substância.

Estipulada a relação entre substância e mundo, isto é, entre a natureza naturante e a natureza naturada, vamos apontar como Spinoza classificou o homem segundo as considerações feitas anteriormente. Conhecemos dois atributos da substância: a extensão e o pensamento. O homem pode ser considerado como uma modificação dos atributos da substância, em que o corpo (extensão) e o pensamento são sintetizados. Ao pensamento está associada a ideia (conteúdo mental). O corpo, como modificação do atributo da extensão, é objeto da mente, e a alma é a ideia do corpo.

Mas o corpo e a alma não têm qualquer vínculo um com o outro. O que há é um paralelo entre eles, ou seja, aquilo que acontece no corpo também ocorre na alma, e o contrário também é verdadeiro, mas não há uma intervenção entre uma dimensão e outra.

Para toda ideia há um correlato no mundo dos acontecimentos, e para todos os acontecimentos há uma ideia correlata. De fato, é possível afirmar que ideias e acontecimentos referem-se aos mesmos fatos em perspectivas distintas. Assim, podemos adentrar na questão do conhecimento conforme a perspectiva spinoziana, segundo a qual não se pode atribuir verdade ou falsidade a determinado conhecimento, mas somente afirmar o caráter de adequação do conhecimento, isto é, se ele é mais ou menos adequado.

Há três formas de conhecimento na doutrina de Spinoza, que diferem entre si de acordo com a clareza que proporcionam. A forma de conhecimento menos adequada é o conhecimento que tem por base os sentidos – é menos adequada porque é uma forma turva de conhecimento que ludibria e peca pela imprecisão.

A segunda forma de conhecimento é a racional. Nessa modalidade, o filósofo identificou o saber matemático e geométrico. Essa forma de conhecimento é universal a todos os homens e, mais do que isso, é capaz de detectar a origem, a causa de determinada ideia com clareza. O conhecimento racional é considerado um conhecimento adequado porque capta a causa da ideia.

Há uma terceira forma de conhecimento, que é a forma intuitiva. O conhecimento intuitivo promove a percepção das coisas segundo o prisma da substância (Deus). Ou seja, o conhecimento das coisas proporciona a visualização dos atributos da substância, que são a essência dela própria. Essa forma de conhecimento representa a forma excelsa de saber como a mais adequada possível. É a mais adequada porque é possível conhecer percebendo que todas as coisas são provenientes de uma substância única – Deus – e que tal condição é satisfeita quando se vê tudo a partir da perspectiva de que tudo está sendo visto *sub specie aeternitatis*. Quando o indivíduo alcança essa forma de conhecimento, sente um prazer intelectual por Deus:

> *O amor intelectual da Mente por Deus, é o próprio Amor de Deus, com o qual Deus ama a si mesmo, não enquanto infinito, mas enquanto pode ser explicado através da essência da Mente humana, considerada sob a espécie da eternidade. Ou seja, O Amor intelectual da Mente por Deus é uma parte do Amor infinito com o qual Deus ama a si mesmo.* (Spinoza, citado por Reale; Antiseri, 1991a, p. 435)

Ainda quanto à temática do homem, cabe levarmos em conta a questão do livre-arbítrio quando nos referimos à escolha de ação em dada situação. Conforme Spinoza, é um equívoco pensarmos na possibilidade do livre-arbítrio tendo em vista a questão da necessidade que comentamos anteriormente, da necessidade de todas as coisas serem como são não em virtude de mero acidente, mas porque são emanações da substância, emanações que podem ser constatadas segundo os atributos e os modos da substância. Mais do que isso, ocorre que a vontade humana não é idêntica a uma vontade universal e divina, mas é atribuída ao atributo do pensamento e, dessa forma, provém do pensamento – assim, não têm caráter autônomo.

Além de considerações sobre o livre-arbítrio, Spinoza é conhecido pela forma geométrica com que examinou as paixões humanas. De início, como parte do homem e da própria natureza, é necessário analisar as paixões como parte de um todo que provém da substância da mesma maneira que todas as coisas. Assim, o filósofo identifica a alegria e a dor como as duas paixões das quais decorrem todas as outras de forma inexorável, segundo o reinado da rigorosa necessidade (ao qual já fizemos menção). Além disso, não cabem afirmações de valores como bem e mal ou perfeito e imperfeito. Tais situações não existem em si e são meras valorações de determinadas circunstâncias. Aquilo que pode ser considerado como bem é identificado como útil. O que não é útil é considerado como mal. Considerando-se tais noções, como entra em cena o conceito de *virtude*? Ele está associado à capacidade que o sujeito tem de agir em conformidade com a manutenção de seu próprio ser (proporciona o bem a si), ou seja, com aquilo que é útil. E a faculdade que conduz o homem a agir dessa forma é a razão.

O filósofo ainda trabalha a questão das paixões afirmando que elas são ideias confusas e obscuras. Nesse aspecto, o spinozismo remete as paixões à noção de vício e, por isso, elas representam ideias pouco adequadas. Por outro lado, a virtude está em enxergar de tal maneira que a ideia turva se transforme em uma ideia que clara por meio do conhecimento intuitivo que "vê" pelo prisma da substância e que, dessa forma, permeia de luz o que outrora era obscuro. Em outros termos, significa clarear a ideia turva pela via do conhecimento adequado.

4.3.2 A religião e o Estado

Na doutrina spinoziana, os conceitos de *religião* e *filosofia* não se encontram em ponto algum. Ao contrário, eles se distanciam um do outro de maneira nítida. A religião remete ao populacho; a filosofia remete aos cultores da razão. A religião está impregnada de imaginação; a filosofia é a busca pela verdade. A religião faz referência à primeira forma de conhecimento estipulada por Spinoza, uma forma de conhecimento pouco adequada, imprecisa e fantasiosa; a filosofia aposta na razão e no conhecimento intuitivo, formas de saber mais adequadas à verdade. Não há que se falar em subordinação de uma à outra ou de uma preceder o estudo da outra porque são âmbitos completamente distintos. No entanto, apesar da completa separação, o caminho proposto por ambas busca o mesmo resultado: o domínio das paixões.

É inegável a semelhança das considerações de Spinoza em termos políticos com os escritos de Hobbes. Mas devemos esclarecer a temática porque a semelhança está menos no Estado absolutista e mais no contratualismo emergindo do Estado. E a segurança proporcionada pelo contrato social, no qual o indivíduo aliena direitos ao governante, faz com que o estado de insegurança natural em que todos podem tudo seja subjugado pela força da razão. Dessa forma, guerras e injustiças são evitadas. Mas Spinoza não preconiza o Estado absoluto. Ao contrário, ele afirma que o Estado deve estar calcado na liberdade política individual, para cada qual decidir o que é melhor para si, bem como na liberdade religiosa.

Do autor, ver:

- *Breve tratado de Deus, do homem e do seu bem-estar* – 1660;
- *Tratado da emenda do intelecto* – 1661;
- *Ética* (*Ethica*) – 1667;
- *Cartas* – 1677;
- *Tratado teológico-político* – 1677.

4.4 Gottfried Wilhelm Leibniz (1646-1716)

Leibniz *pode ser* considerado um pensador com dotes intelectuais ímpares. Desde cedo seu interesse esteve voltado para a filosofia. Estudou-a com afinco e entusiasmo e sua curiosidade o direcionou para a cultura grega, ao mesmo tempo que estava ciente das questões de seu tempo pela leitura das obras de pensadores como Hobbes e Descartes. Após estudar filosofia, dedicou-se à matemática e, posteriormente, adentrou a seara do direito, adquirindo a láurea.

O filósofo fez inúmeras viagens por vários países da Europa e teve contato com cientistas do quilate, por exemplo, de Christiaan Huygens*, figura que o influenciou profundamente. Exerceu a função de historiador na corte de Hannover, momento de sua vida em que fez várias incursões pelos países da Europa fomentando encontros culturais e exerceu cargos de relevância em diferentes cortes de diversos países, como o de conselheiro do Imperador Frederico I (Prússia).

Ponto marcante e amplamente conhecido da vida do filósofo foi a polêmica sobre quem havia descoberto o cálculo infinitesimal, isto é, se havia sido ele ou Newton. No período que antecedeu sua morte, em 1716, Leibniz estava isolado, e seu funeral foi realizado sem honras ou pomposidade.

A filosofia leibniziana pode ser considerada como uma ponte entre os filósofos da Antiguidade e os da modernidade. Mas em que sentido? Leibniz era tanto filósofo quanto cientista, e os problemas filosóficos vigentes em sua época estavam relacionados, mormente, à veracidade do conhecimento. Há duas instâncias retomadas dos filósofos da Antiguidade que serviram como eixo fundamental do pensamento de Leibniz: a questão do finalismo e a questão da substância.

O conceito de *finalismo* é tomado em complemento ao de *mecanicismo*. Isso ocorre em razão de o mecanicismo proporcionar a explicação das coisas tendo em vista as causas e consequências materiais (somente) de determinado acontecimento, por exemplo. O filósofo não descartou a importância de tal percepção dos fatos, horizonte muito favorável ao desenvolvimento da ciência. Mas apostar unicamente na análise mecânica proporciona apenas a compreensão de determinado fato em particular. Para dar a extensão da totalidade, horizonte amplo pelo qual a filosofia

---

* Matemático, astrônomo e físico holandês. Huygens ficou famoso pela elaboração da teoria das probabilidades na matemática.

é envolvida, Leibniz chamou a atenção para o conceito de *finalidade*. Em suma, enquanto o mecanicismo dá a visão da parte, o finalismo dá a visão do todo. Assim, o mais apropriado seria a convergência de ambas as metodologias.

Na mesma proporção ocorre a retomada do conceito de *substância*. De fato, tal conceito era menosprezado pelos filósofos da modernidade, apesar de ter sido adotado pelos pensadores da Antiguidade e pelos medievais. No mesmo tom da releitura elaborada quanto ao conceito de finalidade, o filósofo alemão afirmou que a substância pode ser levada em consideração no sentido de que ela proporciona uma explicação geral, ou seja, uma visão ampla daquilo que é examinado. Essa percepção ampla é específica da filosofia no sentido da busca pelos princípios primeiros de todas as coisas em oposição ao exame do que é meramente particular. Enfim, o que deve ser destacado aqui é o seguinte dimensionamento: enquanto a ciência tem o campo de investigação das coisas no particular e atua em conformidade com o mecanicismo, a filosofia promove uma investigação que ultrapassa o particular e almeja a totalidade das coisas. Eis a delimitação da proposta leibniziana, que leva em conta conceitos desgastados pela erupção do saber científico (Bacon e Descartes), como os de finalidade e substância, mas que, redimensionados, promovem novo *status* entre a investigação da parte (ciência) e do todo (filosofia).

4.4.1 As mônadas

Um dos trabalhos filosóficos sobre os quais Leibniz mais meditou foi a filosofia cartesiana e, mais especificamente, a questão do dualismo físico proposta pelo pensador francês envolvendo a *res cogitans* e a *res extensa*.

A partir da nova dimensão pelas quais foram tomados os conceitos de finalidade e substância, Leibniz adentrou o campo da física, levando em conta, em sua análise, a proposta de *res extensa* colocada por Descartes.

O filósofo alemão discordou de Descartes quanto ao fato de o movimento ser o único fundamento do mecanicismo, como uma sucessão de causa e efeito. Vamos explicar de forma simplificada. A matéria, de fato, tem extensão e pode ser dividida ao infinito, e suas modificações são regidas por um nexo mecânico de causa e efeito mecânico na mesma proporção do movimento de uma engrenagem de relógio que gera o movimento da outra. Assim, o movimento é a base do mecanicismo (Descartes).

Na filosofia leibniziana, as considerações sobre o mecanicismo não explicam de forma precisa o fundamento último do próprio movimento. Para Leibniz, de maneira mais específica, **há uma força como pano de fundo do movimento, uma força cinética viva, que ele identificou como a noção de substância, colocada em nova perspectiva**. Assim, ao apontar a necessidade de uma instância superior ao movimento e à materialidade (extensão) para dar conta da matéria, surge necessariamente a "nova substância leibniziana", que é denominada *mônada*, isto é, uma unidade fundamental que precede todas as coisas. A filosofia leibniziana pode ser considerada, *grosso modo*, como a soma do mecanicismo com o finalismo, isto é, como síntese entre o particular e o universal, e o conceito de mônada é o resultado dessa síntese.

A mônada pode ser considerada como um "centro de força" invisível e indivisível, que representa a unidade elementar de todas as coisas, como uma espécie de unidade fundamental. Toda a realidade, ou seja, a realidade física e a realidade pensante, é composta por mônadas. Elas representam a simplicidade naquilo de que são compostas.

Leibniz apontou dois aspectos fundamentais da mônada que caracterizam sua natureza. O primeiro é a representação-percepção e o segundo é o apetite. Por *representação-percepção* entende-se a qualidade da mônada em perceber e representar (o que não significa que ela possua consciência) aquilo que é composto no simples. Com efeito, a mônada representa a unidade do que é múltiplo. Mas inserida no contexto da mônada está a representação da multiplicidade. Dessa forma, a mônada, é a unidade fundamental de todas as coisas e contém representação da multiplicidade. Por *apetite* entende-se a sucessão do desejar e do querer no sentido de ter novas percepções e representações. Assim, toda multiplicidade de fenômenos, bem como toda variação de pensamentos, está justificada pela representação-percepção e pelo apetite.

Como cada mônada apresenta o múltiplo na unidade, para Leibniz, cada uma representa todo o Universo. Além disso, como cada mônada é a substância, ela representa um reflexo da totalidade das coisas, isto é, a mônada é um microcosmo. Em outros termos, "tudo está contido em tudo".

No entanto, cabe a seguinte questão: Como é possível justificar a pluralidade das coisas pelas mônadas? Há uma variabilidade de mônadas para que a riqueza da realidade seja justificada, e cada mônada representa uma perspectiva diferente do real. Não há que se falar em substâncias idênticas. O filósofo estabeleceu uma hierarquia entre as mônadas, que vai de um patamar mais elementar de representação até a percepção (percepção consciente). O ápice da hierarquia está na figura de Deus, com o maior grau de percepções claras possíveis, enquanto no humano tais percepções sempre são fragmentadas e imprecisas.

Leibniz denominou como *identidade dos indiscerníveis* a multiplicidade de mônadas possíveis (da mesma forma que vários ângulos podem emanar de um mesmo ponto). Mas como as mônadas se relacionam entre si, já que não são idênticas? O que ocorre é que cada uma delas é a representação de aspectos distintos que têm como fulcro a totalidade entre elas. Uma mônada não atua sobre a outra porque elas são centros de energia fechados e autônomos, assim como um objeto que é percebido sob diversos ângulos (mônadas). As diferentes perspectivas não deixam de ser, por um lado, autônomas entre si, porque representam seu próprio ângulo de visão, ainda que formem em conjunto a perspectiva geral do objeto.

Mais especificamente, a relação entre as mônadas ocorre por uma "harmonia preestabelecida". Para que seja possível compreender tal relação, é necessário trazermos à tona a clássica questão sobre a diferença entre o corpo e a alma e a forma harmônica com que as diferentes áreas estão sincronizadas entre si.

Essa sincronia somente pode ocorrer se as mônadas que compõem o corpo estiverem em sincronia prefixada com as que compõem a alma. Ou seja, as manifestações exteriores das mônadas (lembremos que elas são imateriais) estão em perfeita comunhão umas com as outras, fazendo com que haja correspondência entre uma e outra manifestação. O autor do alinhamento natural entre as mônadas (e sua representação) com o mundo exterior é Deus. Este, filosofia leibniziana, é obrigatório.

4.4.2 Oposição de Leibniz a Locke quanto ao conhecimento

Publicada após a morte de Leibniz, a obra *Novos ensaios sobre o entendimento humano* é uma resposta ao pensamento lockeano referente à temática das ideias inatas. Locke havia criticado o inatismo e apontado a importância do conhecimento sensível para a elaboração das ideias.

Leibniz respondeu cada ponto da teoria do conhecimento de Locke na obra citada, apontando a necessidade de concepções que já nascem com o indivíduo e defendendo que, sem elas, o conhecimento seria impensável. Essas concepções necessárias são o princípio de identidade, o de não contradição e o do terceiro excluído. Os três são necessários, em origem, para que ocorra o conhecimento e não são adquiridos pela experiência. Eles compõem a razão humana e proporcionam verdades inequívocas que são, obrigatoriamente, necessárias.

Por outro lado, há as verdades que não são únicas e universais; elas são as verdades voltadas aos fatos. São verdades momentâneas, representadas pelo chamado *princípio de razão suficiente*. Segundo esse princípio, todas as coisas são como são em virtude de uma causa necessária, a qual é suficiente para apontar como aquilo que é de determinada forma chegou a ser o que é. Mas, caso o indivíduo indagasse sempre sobre a razão suficiente dos fatos, seria levado a analisar uma série de causas e efeitos praticamente sem fim. Logo, conseguimos identificar por que determinada coisa chega a ser o que é, mas isso nem sempre nos é viável com relação a todas as coisas.

Se Locke afirmava que a mente (intelecto) é uma tábula rasa e que tudo o que está na mente provém unicamente dos sentidos, Leibniz acreditava que as verdades da razão são aquilo que está contido no intelecto e que não necessita da experiência para ser adquirido. O que está no intelecto e que precede a experiência são as condições da razão para o conhecimento, e tais condições estão na alma. De fato, Leibniz não negou o papel dos sentidos, mas é inequívoco que as verdades da razão são inatas isto é, são tendências e disposições inegáveis ao conhecimento. É nesse sentido que cabe afirmarmos o inatismo na doutrina leibniziana.

4.4.3 *Deus e o melhor dos mundos*

Leibniz asseverou a existência de Deus. Em primeiro lugar, essa existência é fato porque, com efeito, é uma possibilidade efetiva; em segundo lugar, porque um ser, para ser perfeito, deve existir.

Percebemos a harmonia entre as coisas da realidade, constituindo-se na exteriorização das mônadas, unidades sintéticas do real que contêm a complexidade. Cabe a questão sobre o que antecede esses "centros de força" ou o que os estabelece como tais, como unidades elementares das coisas materiais e espirituais (pensamento). E a resposta é única: Deus. A perfectibilidade do real mostra como essa "possibilidade" dotada de perfeição, que é Deus, deve existir; mais que isso, a forma como todas as coisas são ordenadas de maneira concatenada e equilibrada mostra a perfectibilidade imensurável e ilimitada do criador.

A imensurabilidade e a ausência de limite do criador apontam para a possibilidade de uma realidade (ou um universo) completamente diversa(o) da(o) presente.

Quantos universos são possíveis? Inúmeros. No entanto, há uma realidade efetiva, há a mônada e há a harmonia preestabelecida. Por quê? Porque, segundo a razão suficiente, temos no mundo o resultado da "escolha de Deus". E, pela perfeição que lhe é atribuída, o mundo deve ser a melhor das escolhas possíveis, a escolha perfeita. Ou seja, deve ser o melhor dos mundos possíveis com a menor quantidade de mal possível. No entanto, existe o mal. Como trabalhar com tal constatação na parte da filosofia leibniziana? O mal é a limitação de Deus e, ao mesmo tempo, a oportunidade de aperfeiçoamento do sofredor para que daquele sofrimento nasça uma perspectiva renovada com novos valores. Eis o ponto em que podemos trazer à tona o "otimismo leibniziano".

Do autor, ver:
- *Discurso de metafísica* – 1686;
- *Novos ensaios sobre o entendimento humano* – 1705;
- *Ensaios de Teodiceia* – 1710;
- *Monadologia* – 1714;
- *Princípios da natureza e da graça* – 1714;
- *Novos ensaios sobre o entendimento humano* – 1764.

Síntese

Neste capítulo destacamos a razão de Descartes ser considerado o fundador do movimento racionalista, movimento que apontou a racionalidade como base primeira do conhecimento e no qual a experiência tinha papel secundário. Além disso, observarmos que a noção de dualismo psicofísico de Descartes, entre *res cogitans* e *res extensa*, acabou por ser extremamente importante para o desenvolvimento do movimento racionalista. Vimos ainda que, para o filósofo francês, o mundo físico podia ser caracterizado como resultado da soma entre movimento e extensão.

Analisamos também como o pensamento de Malebranche foi influenciado pela temática do dualismo psicofísico de Descartes. Para Malebranche, não havia relação entre corpo e alma.

Na sequência, observamos que a filosofia de Spinoza é uma forma de encontrar a felicidade conforme o modelo geométrico. A ideia principal da doutrina desse filósofo foi o conceito de substância, a qual se manifesta segundo certos modos e atributos.

Por fim, vimos que a principal ideia da filosofia de Leibniz é a de mônada, como fundamento último da realidade. A teoria do inatismo na filosofia leibniziana justifica a possibilidade do conhecimento.

Indicações culturais

> SPINOZA: o apóstolo da razão. Direção: Christopher Spencer. Reino Unido, 1994. 52min.

Esse filme retrata o contexto cultural em que viveu o filósofo e apresenta os pontos fundamentais da filosofia de Baruch Spinoza.

DESCARTES. Direção: Roberto Rossellini. Itália: Versátil, 1974. 162 min.

Muito conhecido entre os estudiosos de Descartes, o filme retrata a vida do filósofo e as circunstâncias que motivaram o florescimento do cartesianismo. A qualidade do trabalho é excelente, sendo recomendado como fonte de informações sobre a vida e a filosofia de Descartes.

Atividades de autoavaliação

1. Na filosofia de Leibniz, o conceito de *mônada* pode ser entendido como:
   a) força centrífuga.
   b) força centrípeta.
   c) força cinética.
   d) força da natureza.

2. Na filosofia de Descartes, a noção de *dualismo psicofísico* remete à ideia de:
   a) relação do sujeito e do objeto no momento em que o conhecimento é elaborado.
   b) relação estabelecida entre a *res cogitans* e a *res extensa*.
   c) propriedades da *res extensa*.
   d) propriedades da *res cogitans*.

3. De acordo com a filosofia de Descartes, assinale a alternativa que se refere ao fundamento da "coisa pensante".
   a) O fundamento da "coisa pensante" é o objeto que é conhecido.
   b) O fundamento da "coisa pensante" é Deus.

c) O fundamento da "coisa pensante" é a necessidade metafísica do homem.

d) O fundamento da "coisa pensante" é o devir da realidade.

4. Quais são os significados dos conceitos de *natura naturans* e *natura naturata* na filosofia de Spinoza?

   a) A *natura naturans* representa a substância, e a *natura naturata*, os modos de manifestação da substância.

   b) A *natura naturata* representa a substância, e a *natura naturans*, os modos de manifestação da substância.

   c) A *natura naturans* representa o objeto conhecido pela perspectiva da substância, e a *natura naturata*, o objeto conhecido pela razão.

   d) A *natureza naturata* representa a *res cogitans*, e a *natura naturans*, a *res extensa*.

5. Aponte a alternativa correta de acordo com a filosofia de Malebranche:

   a) Para Malebranche, as noções de corpo e alma propostas por Descartes não se sustentam porque são completamente antagônicas.

   b) Para Malebranche, as noções de corpo e alma se sustentam tendo em vista justamente as considerações feitas por Descartes.

   c) Para Malebranche, não é possível considerar o corpo com existência própria porque ele não passa de uma percepção única da alma.

   d) Para Malebranche, as noções de corpo e alma são mantidas, como na filosofia cartesiana, mas ambas as instâncias não apresentam relação uma com a outra, como afirmara Descartes.

6. Avalie como verdadeira ou falsa a assertiva a seguir:

   A prova ontológica da existência de Deus na filosofia cartesiana remete à concepção de que o fato de um indivíduo poder pensar em Deus representa a possibilidade de sua própria existência.

7. Julgue como verdadeira ou falsa a afirmação abaixo:

   Apesar de ser influenciado pelo pensamento de Descartes, Malebranche inovou ao apontar que a alma (res cogitans) está completamente isolada do corpo e de outras almas.

8. Analise a sentença a seguir e verifique se ela é verdadeira ou falsa:

   Na medida em que não adota as noções de substância e de finalismo, a filosofia de Leibniz não remete a qualquer aspecto da filosofia da Antiguidade.

9. Na filosofia de Leibniz, o inatismo tem papel fundamental, pois:
   a) as ideias inatas provêm unicamente da experiência e validam o conhecimento.
   b) as ideias inatas são as "verdades da razão", ou seja, as condições necessárias para que o conhecimento floresça.
   c) o conhecimento não está condicionado à razão, mas deriva dos sentidos.
   d) promove a síntese entre a *res cogitans* e a *res extensa*.

Atividades de aprendizagem

Questões para reflexão

1. Sem a faculdade racional, o conhecimento não seria possível, porque é papel da razão ordenar os dados que provêm dos sentidos. Os sentidos são apenas receptores de dados processados pela razão.

   Você concorda com essas afirmações? Justifique sua opinião. Realize uma discussão em duplas.

2. O conhecimento racional necessita da experiência ou é completamente autônomo? Quando resolvemos uma operação de soma ou divisão, por exemplo, precisamos recorrer à experiência no sentido de verificar se a resolução da operação é certa ou errada? Discuta ambas as questões e elabore uma resposta no formato de texto.

Atividade aplicada: prática

Assista ao filme sobre a vida de Descartes apontado na seção "Indicações culturais" deste capítulo e elabore um resumo das principais ideias do pensador francês. Destaque em seu texto momentos da vida do filósofo que lhe chamaram a atenção.

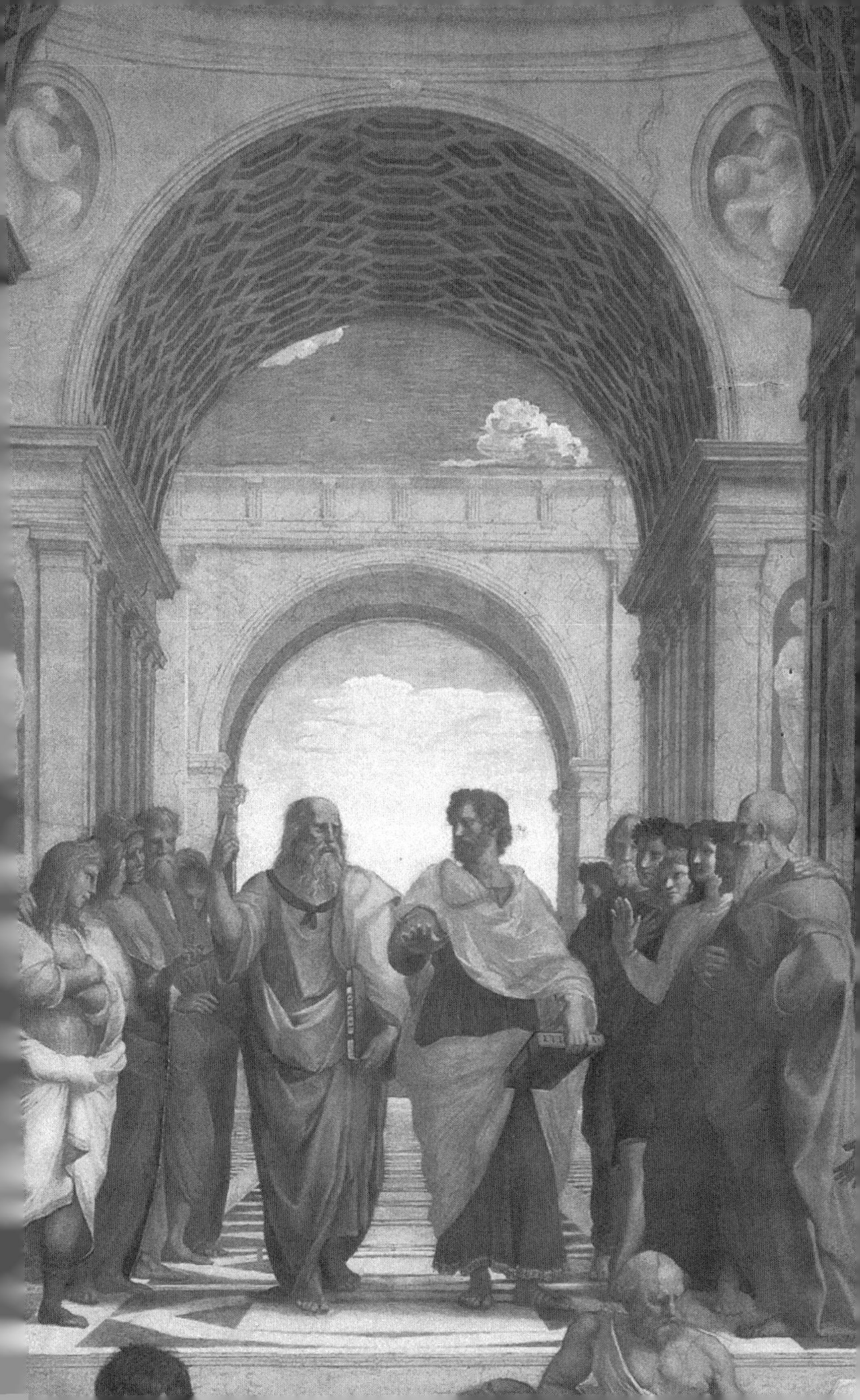

5

O criticismo kantiano

Tendo em vista o volume de escritos de Immanuel Kant, bem como a envergadura tomada pelo desenvolvimento de suas ideias, há mais de uma razão para tratarmos do kantismo em um capítulo à parte. Com efeito, não apenas a discussão filosófica sobre a questão da natureza do conhecimento terá resposta, mas também a questão da natureza do método. A ética e a estética também serão searas para as quais o pensamento kantiano irá propor novos caminhos e soluções. Antes de examinarmos as novidades apresentadas por Kant no campo filosófico, vamos expor algumas considerações sobre o período denominado pré-crítico para, posteriormente, tratarmos do criticismo kantiano. Abordaremos três momentos do período crítico relacionados às três críticas escritas pelo filósofo, a saber: a crítica da razão pura, a crítica da razão prática e a crítica do juízo. Assim, mesmo não trazendo a totalidade dos assuntos relacionados à filosofia de Kant, entendemos que os limites estabelecidos aqui para a exposição sobre o kantismo justifica-se pelo intuito de tornar a empresa viável.

5.1
Immanuel Kant (1724-1804)

Kant nasceu em Königsberg, cidade localizada na Prússia e onde permaneceu por quase toda a sua vida. Seus pais eram de origem humilde e devotos do protestantismo – mais especificamente da ordem pietista, um ramo derivado do luteranismo que apresenta rígidos princípios ético-religiosos.

O filósofo recebeu, como consequência do credo e da preocupação dos pais, educação religiosa com forte aspecto moral até o ingresso na universidade. Nela se dedicou à filosofia e às ciências naturais. Quanto à primeira, analisou, sobretudo, os escritos do filósofo Christian Wolff, racionalista e exímio conhecedor e divulgador da filosofia de Leibniz, e os textos de Alexander Baumgarten, o primeiro a estabelecer parâmetros fundamentais para o estudo da estética como disciplina. Quanto à segunda, estudou principalmente a obra de Isaac Newton. No entanto, o filósofo tinha grande amplitude de conhecimento sobre vários temas e seu interesse passeava por várias searas do saber.

Após concluir o doutorado, Kant trabalhou como professor livre-docente em Königsberg e, posteriormente, mediante de concurso público, conseguiu o cargo de professor ordinário.

Sua obra *A religião nos limites da pura razão* teve repercussão contundente. O filósofo, segundo recomendações expressas do rei da Prússia, foi proibido de discorrer sobre ideias relativas ao tema do livro em suas obras. A advertência surtiu efeito e Kant não mais ensinou tal temática em suas aulas.

Já idoso, o pensador alemão teve sérios problemas de saúde, incluindo a cegueira e a debilidade das faculdades intelectuais, tornando-se praticamente uma figura vegetativa. Dois aspectos marcaram sobremaneira a vida do filósofo: a pontualidade de seus passeios na parte da tarde e o fato de pouquíssimas vezes ter saído da cidade de Königsberg.

É de suma importância que conheçamos o momento histórico e filosófico em que Kant elaborou seus escritos para melhor identificarmos alguns dos pontos relevantes de sua obra.

Iniciemos com o contexto filosófico. Kant escreveu em um período áureo do movimento filosófico iluminista. Em termos gerais, o Iluminismo teve como característica fundamental a crença de que a razão tem a plena capacidade de interpretar todos os fenômenos e de que é possível explicar todas as coisas pela via racional, em detrimento de concepções metafísicas e mágicas sobre a realidade. O Iluminismo promoveu a postura autônoma do homem em face dos problemas da realidade, no sentido de que ele pode, sozinho, com base no aspecto racional de sua consciência, dar respostas aos problemas de uma época. O movimento filosófico iluminista representou a luz da razão em oposição à escuridão da concepção mítico-religiosa. Em termos gnosiológicos, impulsionou o desenvolvimento do conhecimento científico liberto de qualquer influência estranha à técnica e à racionalidade. Em termos éticos, promoveu a tolerância política e religiosa; a valorização do indivíduo e dos direitos de cada indivíduo diante dos abusos dos soberanos e da tirania que os movia. Enfim, representou a luta por uma perspectiva racional clara, límpida e desprovida de preconceitos contra a tradição supersticiosa e preconceituosa calcada na autoridade.

Há um ponto relevante acerca do Iluminismo que devemos levar em conta e que está vinculado com à importância atribuída à razão. A razão não é vista como completamente separada da experiência, ou seja, como uma razão independente, mas **leva em conta a experiência como critério de limite**. Ademais, desconsidera aspectos referentes à revelação e é tomada mais como um critério de rigor quanto ao exame dos elementos da natureza e do próprio homem. Em síntese, a razão dos iluministas não é a razão das ideias inatas dos racionalistas (Descartes, Spinoza, Leibniz), mas a razão dos empiristas, que tem como pano de fundo a experiência. É justamente nesse sentido que o termo *razão* deve ser considerando no século XVIII, período histórico em que ocorreu o desenvolvimento do movimento. É emblemática a passagem na qual Kant apresenta a resposta à pergunta "O que é *esclarecimento*?"*, no sentido de que ela conclama os homens ao uso de sua capacidade intelectual para delimitar o destino de sua existência e, assim, passar para um estágio de responsabilidade em face de suas escolhas:

> *Esclarecimento é a saída do homem de sua menoridade, da qual ele próprio é culpado. A menoridade é a incapacidade de fazer uso de seu entendimento sem a direção de outro indivíduo. O homem é o próprio culpado dessa menoridade se a causa dela não se encontra na falta de entendimento, mas na falta de decisão e coragem de servir-se de si mesmo sem a direção de outrem. Sapere aude! Tem coragem de fazer uso de teu próprio entendimento, tal é o lema do esclarecimento.* (Kant, 1974, p. 35)

Estabelecido o ponto fundamental sobre o contexto filosófico, podemos examinar mais especificamente o criticismo kantiano. A palavra *crítica* é muito adequada quando vinculada à doutrina de Kant, porque representa com justiça o caráter de análise criteriosa e de verdadeira

---

* Entendamos o *esclarecimento* como o ideal iluminista do uso do entendimento.

"revolução" sobre os temas filosóficos vinculados à palavra, sobretudo quanto à questão da validade do conhecimento, que repercutirá doravante na história do pensamento ocidental na mesma proporção do impacto causado pela revolução copernicana na astronomia.

Assim, podemos apontar que o grande impacto do pensamento kantiano está contido nas três críticas escritas pelo autor: *Crítica da razão pura*, *Crítica da razão prática* e *Crítica do juízo*. Mas, no intuito de que o itinerário da filosofia kantiana seja compreendido, antes de tratarmos mais especificamente das três obras, temos de delimitar alguns aspectos do pensamento de Kant anteriores ao período crítico, isto é, referentes ao pensamento denominado *pré-crítico*. Ao elaborarmos algumas considerações sobre tal período, esclareceremos os motivos que levaram o filósofo a realizar o caminho hercúleo efetivado pela filosofia kantiana.

De forma geral, os escritos pré-críticos são um momento do pensamento kantiano em que o interesse do filósofo voltava-se para questões relativas à ciência e à metafísica.

Com relação à ciência, a física newtoniana havia causado impacto impressionante ao matematizar os fenômenos naturais a ponto de computá-los com precisão. A matemática era a mestra da ciência moderna e mais uma vez provava seu poder de síntese e sua eficácia em manipular os fenômenos; a física de Newton era a prova de que o método matemático, de fato, tinha virtudes inigualáveis quanto à exatidão e clareza dos resultados alcançados.

Se, por um lado, temos a ciência e a matemática, por outro, temos a metafísica de Wolff e Leibniz influenciando profundamente o pensador alemão. Como exemplo do interesse relacionado a aspectos científicos, podemos citar os escritos de 1756, *Teoria dos ventos* e *Os terremotos*. Sobre a filosofia de Leibniz e Wolff, temos a tese com a qual Kant recebeu a docência universitária, em 1755 – *Principiorum cognitionis metaphysicae nova dilucidatio* –, em que o pensador trabalhou os princípios metafísicos daqueles filósofos. Posteriormente, temos a *Monadologia física*, em que ocorre a tentativa de mudança do conceito de *mônada espiritual* de Leibniz, tendo em vista o resultado da física newtoniana, para o conceito de *mônada física* da qual o espaço deriva.

Devemos chamar a atenção, quanto aos escritos mencionados, para o paralelo entre o impacto das ciências experimentais (empirismo) e a ordem metafísica vigente (racionalismo) sustentando, em última instância, a realidade. Podemos notar que, apesar do paralelo e da noção tradicional de metafísica como a realidade que antecede os fenômenos, Kant percebia a importância dos resultados da física e da matemática e, por outro lado, levava em consideração a metafísica em sua concepção de realidade.

Tal postura se manteve até a leitura dos escritos de David Hume, momento notoriamente marcante e revolucionário no pensamento kantiano, a ponto de o filósofo alemão afirmar que havia acordado do "sono dogmático" pelo qual estava envolto até aquele momento. O que isso significa? Significa que o ataque de Hume à metafísica dogmática* fez Kant ter nova postura diante do significado do fundamento metafísico da realidade.

O ataque de Hume à questão da causalidade e da metafísica dogmática fora tão fecundo que, posteriormente à leitura da obra de Hume, Kant estava praticamente decidido a apostar no conhecimento que tinha como base a experiência, isto é, no conhecimento empírico das ciências naturais (física). E quanto à metafísica? A metafísica tornara-se um "castelo de areia" ou um "abismo" sem fim com inúmeras possibilidades de construção teórica. O filósofo, então, deparar-se com um problema

---

* A expressão *metafísica dogmática* deve ser compreendida como "o estudo da natureza de Deus, da alma e do mundo".

inexorável: Até que ponto podemos conhecer? Quais são os limites para que elaboremos o que denominamos *conhecimento*? Quais são as condições que possibilitam o conhecimento? Precisamos realizar a crítica da razão pura para sabermos quais são os fundamentos do conhecimento em geral e, dessa forma, delimitarmos a resposta para essa questão.

E o primeiro passo para a realização da crítica foi dado quando o filósofo estipulou a diferença entre conhecimento sensível e conhecimento inteligível. Este se refere à metafísica, pois trabalha com conceitos que não são subjugados aos sentidos, como os conceitos de *necessidade* e de *substância*. Já aquele trabalha com conceitos que derivam das faculdades dos sentidos, por exemplo, a cor de um objeto qualquer.

O segundo passo está em fixar o sujeito como o centro do conhecimento. Isso significa que, para que tenhamos a experiência e para que haja o conhecimento sensível, é condição necessária que ele ocorra em um determinado momento (tempo) e que tenha caráter de extensão, isto é, que se dê em determinado espaço. **Tempo e espaço são condições do conhecimento sensível e tanto um quanto outro não estão no objeto, mas no sujeito que conhece.** Com essa conclusão, Kant estabeleceu uma nova perspectiva para a questão do conhecimento, pois, até então, tempo e espaço estavam relacionados aos objetos.

Antes das considerações kantianas, o conhecimento era considerado como a adaptação do intelecto ao objeto. Em outras palavras, o objeto estava no centro da investigação, e o sujeito o circundava tentando conhecê-lo. As categorias que possibilitam o conhecimento estavam nos objetos. Estes eram o alvo ao qual o sujeito deveria adaptar-se para que ocorresse o conhecimento.

Agora, há a inversão dessa ordem, pois o sujeito que conhece tem os mecanismos possíveis para que o conhecimento sensível ocorra (tempo e espaço). Esta é a revolução kantiana na estrutura pela qual ocorre o conhecimento, revolução igualada à revolução copernicana na astronomia. Doravante, o sujeito não é passivo quando se relaciona com o objeto para elaborar o conhecimento, mas tem postura ativa. Eis as palavras do filósofo:

> Admite-se, geralmente, que todo o nosso conhecimento deve conformar-se aos objetos, mas todas as tentativas de estabelecer em torno deles alguma coisa a priori, por meio de conceitos, com os quais se pudesse ampliar o nosso conhecimento, aceitando-se tal pressuposto, não levaram a nada. Experimentemos agora se seremos mais felizes nos problemas da metafísica, aceitando a hipótese segundo a qual os objetos devem conformar-se ao nosso conhecimento: isto se harmoniza melhor com a desejada possibilidade de um conhecimento a priori, que estabeleça alguma coisa em relação aos objetos antes que eles se nos apresentem. Aqui sucede o mesmo que com a primeira ideia de Copérnico que, não podendo explicar os movimentos celestes nem admitir que todo o exército dos astros rodasse em torno do espectador, julgo dever admitir que o observador gira e que os astros estão parados. Na metafísica pode-se fazer uma tentativa semelhante à intuição dos objetos. Se a intuição deve conformar-se à natureza dos objetos, não vejo como se possa saber alguma coisa a respeito deles a priori; mas, se o objeto (enquanto objeto do sentido) se conforma à natureza de nossa faculdade intuitiva, posso muito bem representar-vos esta possibilidade. (Kant, citado por Mondin, 2013, p. 201-202)

5.2
A crítica da razão pura

A matemática e a geometria, bem como a física, são consideradas ciências na medida em que possibilitam um conhecimento válido universalmente e também pelo fato de que os conceitos e noções dessas ciências são necessários (na medida em que não são contingentes, ou seja, não se modificam em termos conceituais). Quais são as condições dessa forma de conhecimento tão segura? De acordo com Kant, tais ciências são possíveis porque são formuladas segundo "juízos sintéticos *a priori*".

Um juízo pode ser representado como uma proposição em que um sujeito é vinculado a um predicado por um verbo, como no exemplo "o cachorro é branco". Além disso, a palavra *sintético* representa que o predicado inclui no sujeito uma dada característica, como no exemplo citado, em que a cor branca é vinculada ao conceito de *cachorro*. Há, ainda, a expressão *a priori*, a qual significa "o que antecede a experiência".

Assim, Kant partiu para a análise dos conceitos daquelas ciências e concluiu que, quanto aos juízos matemáticos, podem ser definidos como juízos sintéticos *a priori*: "Antes de tudo precisa-se observar que proposições matemáticas em sentido próprio são sempre juízos *a priori* e não empíricos porque trazem consigo necessidade [...] que não pode ser tirada da experiência" (Kant, 1987, p. 15). Quanto aos juízos geométricos, assim escreve o filósofo:

> Que a linha reta seja a mais curta entre dois pontos, é uma proposição sintética, pois o meu conceito de reto não contém nada de quantidade, mas só qualidade. O conceito do mais curto é, portanto, acrescentado inteiramente e não pode ser extraído do conceito de linha reta por nenhum desmembramento. (Kant, 1987, p. 16)

Vejamos ainda o que afirma Kant quanto aos juízos da física:

> A Ciência da Natureza (physica) contém em si juízos sintéticos a priori como princípios. A título de exemplo quero citar algumas proposições tais como as seguintes: em todas as mudanças do mundo corpóreo a quantidade de matéria permanece imutável, ou, em toda a comunicação de movimento ação e reação têm que ser sempre iguais entre si. (Kant, 1987, p. 18)

De que maneira a faculdade do conhecimento é capaz de elaborar essa síntese *a priori* é a grande questão a que Kant deseja dar cabo com a crítica. Isso será de suma importância para definir a possibilidade de a metafísica dar uma resposta sobre a "natureza íntima das coisas", pois tal era sua pretensão.

Cabe apontarmos a arguta percepção de Kant sobre o itinerário progressivo e qualitativo do desenvolvimento das ciências. Mas o caráter de progressão não ocorre com a metafísica se comparada às outras ciências. Por que motivo havia tal contraste?

Assim, a crítica da razão pura é uma resposta para a questão: É possível a metafísica como uma ciência? A pergunta remete aos limites do conhecimento (como apontamos anteriormente) e, mais do que isso, à possibilidade de conhecer as coisas para além da forma como meramente elas se nos apresentam. E tal empresa somente pode ser realizada com um exame crítico das faculdades que permitem o conhecimento, para sabermos até que ponto podemos conhecer as coisas com os juízos sintéticos *a priori*, ou seja, com o *status* de ciência, e em que ponto a metafísica se enquadra nesse contexto.

Kant decompôs as faculdades que possibilitam o conhecimento para compreendê-las quanto aos princípios que regem cada parte; posteriormente, ele as recompôs para compreender em conjunto como ocorrem as operações relativas ao conhecimento.

Há três operações mentais realizadas: a apreensão, o juízo e o raciocínio. A crítica da razão pura divide-se em três eixos cardeais, que são a estética transcendental, a analítica transcendental e a dialética transcendental. Cada uma delas refere-se à análise de uma operação da mente.

5.2.1 *A estética transcendental*

A sensação é o objeto de estudo da estética transcendental porque tal faculdade remete à noção de *apreensão da mente*. Mais do que isso, o que Kant desejou saber é quais são os princípios que regem a possibilidade de termos sensações e, por consequência, quais são os fundamentos que possibilitam o conhecimento sensível. É justamente nesse sentido que devemos ter em mente o termo *transcendental*: "Denomino transcendental todo o conhecimento que em geral se ocupa não tanto com os objetos, mas com nosso modo de conhecimento de objetos na medida em que este deve ser possível *a priori*. Um sistema de tais conceitos denominar-se-ia filosofia transcendental" (Kant, 1987, p. 26).

Então, cabe a pergunta: Quais são as condições que possibilitam as sensações? São o espaço e o tempo. Tanto um quanto o outro são as formas do conhecimento sensível. Quanto ao espaço, afirmou Kant:

O espaço é uma representação a priori necessária que subjaz a todas as intuições externas. Jamais é possível fazer-se uma representação de que não haja espaço algum, embora se possa muito bem pensar que não se encontre objeto algum nele. Ele é, portanto, considerado a condição da possibilidade dos fenômenos e não uma determinação dependente destes; é uma representação a priori que subjaz necessariamente aos fenômenos externos. (Kant, 1987, p. 38-39)

Já o tempo é "o sentido interno, mediante o qual a mente intui a si mesma" (Kant, 1987, p. 37). Além disso:

O tempo é uma representação necessária subjacente a todas intuições. Com respeito aos fenômenos em geral, não se pode suprimir o próprio tempo, não obstante se possa do tempo muito bem eliminar os fenômenos. O tempo é, portanto, dado a priori. Só nele é possível toda a realidade dos fenômenos. Estes podem todos em conjunto desaparecer, mas o próprio tempo (como a condição universal da sua possibilidade) não pode ser supresso. (Kant, 1987, p. 46)

Kant denomina o conhecimento sensível como *intuitivo* porque ocorre de forma imediata. O objeto da intuição é o fenômeno. Este deve ser compreendido como "aquilo que se apresenta ao sujeito". Não podemos conhecer os objetos senão de maneira fenomênica, ou seja, da maneira como se apresentam aos sentidos e, a partir da coleta desses dados, pela forma como tais dados são organizados pelo espaço e pelo tempo. Ou seja, não podemos conhecer os fenômenos senão pelas formas *a priori* do espaço e do tempo. O que as coisas são fora dessas formas *a priori* da sensibilidade não nos é possível saber. Em outros termos, não podemos conhecer as coisas nelas mesmas.

Tendo estabelecido o espaço e o tempo como formas *a priori* da sensibilidade, é possível apontarmos como a matemática e a geometria podem ser determinadas como ciências. Os juízos formulados por tais ciências têm caráter de síntese *a priori*, isto é, não necessitam da experiência. A matemática está calcada no caráter de sucessão, que é identificado com o tempo. Esse caráter é o pano de fundo das operações matemáticas. A geometria está calcada na forma *a priori* do espaço, pois é possível conceber uma forma geométrica de maneira intuitiva.

Assim, voltando ao ponto sobre a possibilidade do juízo sintético *a priori*, cabe apontarmos que ele é possível porque o sujeito possui as formas *a priori* da sensibilidade: o espaço e o tempo. Ambas proporcionam tais juízos sem a necessidade de recorrer à experiência, mas precisamos esclarecer que eles ocorrem porque estão circunscritos somente ao mundo dos fenômenos, e não às coisas em si mesmas.

5.2.2 A analítica transcendental

Na analítica transcendental, o filósofo trabalhou com a diferença entre as noções de *juízo* e *sensibilidade*. Esta se refere ao conhecimento sensitivo e tem como fonte os dados recebidos por nós através dos sentidos. Quanto aos juízos, estão relacionados aos conceitos. Dessa forma, se, por um lado, temos as sensações pela experiência, por outro temos os conceitos na forma de pensamentos como fruto do labor do intelecto.

Há uma completa distinção entre a experiência e o pensamento, isto é, entre a intuição e o conceito, mas ocorre a reciprocidade entre ambos no sentido de que, para Kant, "A intuição e os conceitos, portanto, constituem os elementos de todo o nosso conhecimento, de modo que nem os conceitos, sem que de alguma forma lhes corresponda uma intuição, nem a intuição, sem os conceitos, podem nos dar o conhecimento" (Kant, citado por Reale; Antiseri, 1991a, p. 882). Além disso, "Sem sensibilidade, nenhum objeto nos seria dado; sem intelecto nenhum objeto seria pensado. Sem conteúdo, os pensamentos são **vazios**; sem conceitos, as intuições são **cegas**" (Kant, citado por Reale; Antiseri, 1991a, p. 882, grifo do original). Então, o conhecimento resulta da associação entre a intuição e o intelecto.

Da mesma forma que formulou as condições que antecedem a experiência e pelas quais, em última instância, é possível o conhecimento sensível, Kant investigou as leis pelas quais é possível o conhecimento intelectivo, ou seja, as regras pelas quais o conhecimento intelectivo emerge. Dessa maneira, seu campo de atividade era o intelecto, na perspectiva de que desejava delimitar a estrutura do pensamento. Ora, a ciência que estuda as possíveis relações que o intelecto realiza quando opera com conceitos é a lógica. No entanto, a lógica tradicional atua de forma a esclarecer a forma e não o conteúdo de determinado raciocínio, bem como a relação de um conceito com outro; Kant trabalhou com a lógica transcendental, que avalia a questão da origem dos conceitos na faculdade intelectiva.

Em outros termos, Kant procedeu com o intelecto da mesma forma que o fez em relação à sensibilidade. Assim, se espaço e tempo eram as condições necessárias para que o sujeito tenha a experiência, era preciso compreender as condições necessárias para que um objeto seja pensado. A essa pesquisa Kant denominou *analítica transcendental*.

O intelecto opera com juízos e, nesse ponto, podemos chamá-lo de *discursivo*. Um juízo representa uma forma de síntese unificadora dos dados que são recebidos dos sentidos e resulta de um movimento mental de síntese universalizante. Ou seja, o intelecto atua nesse processo como "uma faculdade que julga" quando elabora um juízo, pois *julgar* significa atribuir um predicado a um sujeito – ou seja, uma qualidade a um objeto – ou despojar o sujeito de uma qualidade (quando o juízo é negativo)·.

De quantas formas é possível realizar o processo de universalização dos dados dos sentidos? De acordo com Kant, há doze formas, e elas levam o nome de *categorias*. Elas são as condições que possibilitam os juízos, conforme vemos nos quadros a seguir.

Quadro 5.1 – *Formas de universalização dos dados quanto à quantidade**

Juízos	Categorias
Universais	Unidade
Particulares	Pluralidade
Singulares	Totalidade

Quadro 5.2 – *Formas de universalização dos dados quanto à qualidade*

Juízos	Categorias
Afirmativos	Realidade
Negativos	Negação
Infinitos	Limitação

---

* Esclarecendo o primeiro quadro de categorias, julgamos que será facilitada a compreensão dos demais. Assim, entendemos que a categoria da unidade provém da possibilidade de realizarmos juízos universais, a categoria da pluralidade provém da viabilidade de formularmos juízos particulares e a categoria da totalidade provém da faculdade de elaborarmos juízos singulares. Desse modo, as categorias identificadas nos demais quadros podem ser interpretadas de forma análoga, como no caso das correspondências entre a categoria da limitação e os juízos infinitos, entre a categoria da substância-inerência e os juízos categóricos ou entre a categoria da possibilidade-impossibilidade e os juízos problemáticos.

Quadro 5.3 – Formas de universalização dos dados quanto à relação

Juízos	Categorias
Categóricos	Substância-inerência
Hipotéticos	Causalidade-dependência
Disjuntivos	Comunhão-reciprocidade

Quadro 5.4 – Formas de universalização dos dados quanto à modalidade

Juízos	Categorias
Problemáticos	Possibilidade-impossibilidade
Assertivos	Realidade-irrealidade
Apodíticos	Necessidade-contingência

As categorias são a "forma esquemática" do conhecimento e antecedem a experiência. Eis o momento oportuno para trazermos à tona a questão da causalidade, pois, segundo Kant, ela não provém da experiência, mas a antecede. Em outros termos, a causalidade não é fruto da percepção de fatos reiterados das vivências que o sujeito tem, mas uma forma *a priori* do intelecto.

As categorias remetem aos fenômenos. Tal afirmação procede porque, em si, elas são estruturas vazias sem conteúdo, o qual provém unicamente da experiência pelos dados que são recebidos via sentidos. As categorias são as formas nas quais os dados são "moldados", e o resultado é o juízo.

Mas Kant foi além das categorias e questionou o que poderia antecedê-las em termos transcendentais, já que representamos a realidade segundo doze possíveis formas de síntese. O que regula tais possibilidades sem que o sujeito seja modificado na mesma medida em que tem diferentes representações da realidade?

Há uma unidade fundamental do pensamento que Kant designou com a expressão *eu penso*. Ela se refere a uma instância que antecede as categorias e que representa a própria faculdade intelectiva em si mesma, porque é sempre idêntica a si. A noção de identidade permanente que o sujeito tem em face das diferentes categorias recebe o nome de *apercepção transcendental*, ou *apercepção originária* da consciência pensante. Ela representa a noção unificadora do intelecto em seu mais alto grau e possibilita a percepção múltipla das categorias de organizar a pluralidade da realidade (em juízos) tendo como pano de fundo a unidade autoconsciente do pensamento. Com o "eu penso", o sujeito identifica a si mesmo como um "sujeito transcendental".

Assim, o "eu penso" pode ser definido como a completa estrutura que organiza os dados dos sentidos em categorias análogas aos juízos. Sem os dados provenientes dos sentidos, as categorias são vazias, com tonalidade de mera estrutura formal. As categorias têm função na medida em que complementam a função da experiência, e o resultado dessa relação é o conhecimento.

Dessa forma, podemos concluir que, em virtude de o sujeito ter anteriormente à experiência as condições que proporcionam a mesma experiência, isto é, o espaço e o tempo, e, além disso, por ter como estrutura de pensamento a capacidade de organização dos múltiplos dados provenientes dos sentidos, então é possível que o juízo sintético *a priori* (lei da física ou uma expressão matemática) ocorra e, como consequência, a própria ciência seja viável. E o limite dos juízos sintéticos *a priori* é, em última instância, a experiência. É a ela que os juízos sintéticos *a priori* são reportados.

Depois de esclarecer como os juízos sintéticos *a priori* são possíveis, Kant trabalhou na parte derradeira da analítica transcendental com a diferença entre dois conceitos muito importantes que acabaram por servir até para a compreensão da dialética transcendental (parte final da crítica da razão pura): fenômeno e coisa em si (ou *noumenon*). O fenômeno representa, como já mencionamos, aquilo que é apresentado segundo os sentidos. A coisa em si ou *noumenon* está vinculada ao que ultrapassa o mero fenômeno, abarcando a totalidade do que se apresenta como múltiplo.

Podemos compreender a noção de *coisa em si* como a própria natureza em si dos fenômenos, que é possível somente ser pensada. A natureza em si, ou seja, a coisa como é em si mesma de determinado fenômeno, não é acessível à experiência que temos desse fenômeno, mas a percebemos segundo as formas *a priori* da sensibilidade (espaço e tempo) e pelas formas *a priori* do intelecto (as categorias). Ou seja, temos acesso às coisas segundo esses limites. Ora, já que percebemos segundo certos limites, podemos pensar (ao abstrairmos) sobre o que as coisas seriam nelas mesmas, mas somente pensar (porque conhecemos os limites). As coisas nelas mesmas são representadas pela expressão *coisa em si*. Eis uma famosa passagem da analítica transcendental em que Kant esclarece a noção da *coisa em si* (na metáfora a seguir representada pelo mar):

> *Até aqui nós não só percorremos o território do intelecto puro [...] mas também o medimos, e nele zelosamente designamos a cada coisa o próprio lugar. Mas esta terra é uma ilha fechada pela própria natureza entre fronteiras imutáveis. É a terra da verdade (nome enganador!) cercada por um vasto oceano tempestuoso, precisamente um império da aparência, onde grandes névoas e geleiras, perto de liquefazerem-se, dão a todo instante a ilusão de novas terras e, enganando incessantemente com vãs esperanças o navegante errante em busca de novas descobertas, atraem-no para aventuras das quais ele não sabe mais escapar, mas que também não consegue nunca resolver. Por isso, antes de nos entregarmos a esse mar, para indagá-lo, seria útil dar uma olhada ao mapa razão, que queremos abandonar e, antes de mais nada, nos perguntarmos se, de todo modo, não deveríamos estar contentes com aquilo que ele contém ou, ainda, se não deveríamos nos contentar por necessidade, para o caso de não haver em outra parte um terreno sobre o qual pudéssemos construir uma casa e, em segundo lugar, a que título nós possuímos essa mesma razão e como podemos garanti-la contra toda pretensão adversa.* (Kant, citado por Reale; Antiseri, 1991a, p. 892)

5.2.3 A dialética transcendental

A lógica transcendental divide-se em analítica transcendental e dialética transcendental. Na analítica, o objeto de estudo é a possibilidade do juízo sintético a *priori*. Kant realizou tal tarefa e demarcou a possibilidade dos juízos sintéticos a *priori* como pertencentes à seara dos fenômenos. Por fim, o filósofo apontou a diferença entre o fenômeno e a coisa em si. A dialética transcendental, por sua vez, representa as considerações do filósofo quando se adentra o "oceano" da coisa em si.

O que ocorre quando a faculdade cognoscitiva do sujeito adentra o "território da coisa em si"? Por que somos levados a ir além da experiência fenomênica que temos e a perquirir sobre a "totalidade originária e fundamental" de todas as coisas? Somos levados a isso por uma necessidade metafísica que deve ser obrigatoriamente satisfeita.

É como uma condição necessária do próprio sujeito transcendental saber sobre "o que" estão assentados os fenômenos. De fato, é uma verdadeira exigência cognoscitiva humana, estabelecida pelo próprio "mecanismo cognoscente", conhecer a causa primeira das coisas. Mas essa jornada ao conhecimento da coisa em si – jornada impossível de ser estagnada, porque, como apontamos, trata-se de uma exigência metafísica – incorre inevitavelmente em erro ao tentarmos conhecer o que é a coisa em si. Podemos apontar que o erro é uma ilusão da faculdade congnoscente, ilusão necessária porque **o limite do conhecimento humano está na experiência.**

Quando a faculdade cognoscente adentra a coisa em si, não é mais o intelecto com as categorias e a intuição sensível com as formas puras do espaço e do tempo que entram em cena, isto é, não há experiência da coisa em si. Quem entra em cena é a **razão**; com esse termo, Kant se referiu à faculdade de elaborar raciocínios.

Ao analisar os possíveis raciocínios que a razão elabora, Kant chegou às formas puras da razão – o filósofo realizou o mesmo procedimento quando analisou as diferentes formas de juízo, definindo as categorias. Temos três espécies de raciocínios: o disjuntivo, o hipotético e o categórico. Deles derivam as três formas puras da razão, que o filósofo denominou com o conceito de ideias da razão: as ideias de Deus, de alma e de mundo.

A relação entre os tipos de raciocínios e os tipos de ideias* pode ser vista no quadro a seguir:

Quadro 5.5 – Relação entre as formas de raciocínios e as ideias

Disjuntivo	Deus
Categórico	Alma
Hipotético	Mundo

Nos raciocínios referentes à alma (como a coisa em si do sujeito) e a Deus, ocorrem paralogismos, isto é, eles são raciocínios defeituosos. Quanto aos raciocínios sobre o mundo (quanto à coisa em si dos fenômenos), não se pode ter uma conclusão. Kant usou o termo *antinomias* para fazer referência à impossibilidade de conclusões quanto à ideia de mundo. Esse termo significa o contraste insolúvel entre posições antagônicas, em que uma invalida a outra. Há quatro possibilidades de antinomias, com suas respectivas teses e antíteses:

1. **Antinomia da quantidade**
    › Tese: o mundo tem origem no tempo e é limitado no espaço.
    › Antítese: o mundo não tem origem no tempo e no espaço.

---

* Cada uma das ideias está relacionada ao tipo de raciocínio que lhe corresponde. Assim, a ideia de Deus tem como possibilidade o juízo disjuntivo; a ideia de alma, o categórico e a ideia de mundo, o hipotético.

2. **Antinomia da qualidade**
   › Tese: há uma substância que não é constituída por partes.
   › Antítese: não há substância que represente a unidade fundamental das coisas.

3. **Antinomia da relação**
   › Tese: existe uma forma de causalidade para além dos fenômenos naturais que justifica a ideia de liberdade.
   › Antítese: os fatos decorrem do resultado de leis naturais, que são necessárias.

4. **Antinomia da modalidade**
   › Tese: há um ser necessário que opera como causa do mundo.
   › Antítese: não há um ser necessário que opera como causa do mundo.

Quando os conceitos trabalham para além da experiência, isto é, quando não há referência experimental, eles acabam por operar somente pela forma pura da razão; no caso dos raciocínios relativos ao mundo, podem encontrar argumentos tanto para uma postura (afirmação) quanto para a outra (negação). Nesse aspecto, podemos notar a relação entre os racionalistas, com a perspectiva do inatismo, e os empiristas, com a perspectiva de que só é possível termos a experiência dos fenômenos sem levar em conta que eles são representados pelo sujeito.

O desenvolvimento do estudo kantiano sobre os limites do conhecimento encontra um ponto culminante na seguinte questão: É possível pensar a metafísica como ciência? Em outros termos: Após analisar o fundamento do juízo sintético *a priori* e suas características, é possível pensar a metafísica como ciência? A resposta é negativa porque a metafísica, a doutrina que trabalha a natureza da coisa em si, apresenta apenas o aspecto da universalidade do juízo, mas não proporciona a inovação do saber, tampouco uma síntese nova válida universalmente (pré-requisito do conhecimento científico). As três ideias da razão anteriormente citadas significam que a mente tende à universalidade, e é em consequência desse "movimento universalizante" que emergem tais ideias. No entanto, elas não podem ser tratadas como ciência (não são objeto de conhecimento) porque, como vimos, são errôneas ou não têm conclusão (a tese e a antítese podem ser justificadas). Assim, o termo *metafísica* somente pode ser apresentado como um estudo das formas *a priori* da razão.

5.3
A crítica da razão prática

Formulada a *crítica* do conhecimento e estabelecidos os seus limites, Kant estudou a temática dos princípios que regem a conduta humana. Mais especificamente, o filósofo trabalhou com a noção da possibilidade de ação moralmente válida não apenas em determinados contextos, mas em termos universais. Em duas obras podemos ter acesso às reflexões sobre a filosofia moral elaboradas por Kant: *A crítica da razão prática* e a *Metafísica dos costumes*.

Ao definir a possibilidade de uma ação moral válida universalmente, o filósofo se propôs a apontar a lei moral formulando uma crítica da razão prática, projeto que realizou em sua completude.

O viés seguido por Kant foi análogo ao adotado na crítica da razão pura, no sentido de que a lei moral é universal e, nesse aspecto, não está subjugada somente ao crivo da experiência. A lei moral independe da experiência porque, se assim não ocorresse, seria justificada não universalmente, mas de acordo com o contexto de determinada situação e, dessa forma, perderia seu caráter universal. Em síntese, se a lei moral dependesse unicamente da experiência, seria mutante e variada e perderia o caráter de universalidade.

Assim, a lei moral antecede a experiência, ou seja, é um dado *a priori*, nos mesmos moldes por meio dos quais o conhecimento científico (uma lei da física, por exemplo) é possível e válido – antecedendo a experiência. Enquanto na *Crítica da razão pura* os objetos são o juízo sintético *a priori* e as condições pelas quais ele é possível, na *Crítica da razão prática* temos a questão da lei moral e as condições que proporcionam a validade dessa lei.

Kant denominou a forma *a priori* da lei moral de *imperativo categórico*. Imperativo no sentido de que a vontade deve obedecer à forma *a priori* da lei moral, que é inequívoca, ou seja, ela representa um dever de agir segundo a forma da lei moral. O imperativo categórico não é o conteúdo da lei porque, se somente o conteúdo fosse levado em conta, a lei remeteria ao seu aspecto meramente prático de adquirir determinado bem. Logo, os sentidos estariam à mercê do critério de definição da regra que determina a conduta, e esta não seria universal e necessária, mas apenas contingente. Porém, na ética kantiana, esse não é o caso. Kant ocupou-se da forma da lei visando justamente a sua universalidade e a sua necessidade.

De fato, a obra *Crítica da razão prática* pode ser compreendida como uma obra que apresenta a seguinte questão: Como devo agir? Em resposta a essa pergunta, o filósofo apresentou o imperativo categórico da seguinte maneira: "Age de tal forma que a máxima de tua ação possa sempre valer também como princípio universal de conduta" (Kant, 2003, p. 65). Toda motivação que leva a determinada ação e que se enquadra nesse "formato" pode ser considerada moral.

Entretanto, o filósofo não apresentou uma única forma para o imperativo categórico, mas também outras duas:

- "Age de modo a considerar a humanidade, seja na tua pessoa, seja na pessoa de qualquer outro, sempre também como objetivo e nunca como simples meio" (Kant, 2015, p. 59);
- "Age de modo que a máxima da tua vontade possa valer sempre, ao mesmo tempo como princípio de legislação universal" (Kant, citado por Reale; Antiseri, 1991a, p. 912-913).

Das duas apresentadas, a primeira traz o critério da humanidade como gênero humano a ser levado em conta em relação às consequências da ação do indivíduo; a segunda eleva a vontade a um caráter geral de humanidade; aqui, novamente, o caráter de universalidade está presente.

Quais são as condições que possibilitam a forma da lei moral universal? Kant postulou três pontos. O primeiro deles é a liberdade. O indivíduo não é refém das leis da natureza quando o ponto em questão é a moralidade. A liberdade pressupõe a ação moral porque o indivíduo é livre para agir em conformidade com o imperativo categórico. Este é, na verdade, um dever. E justamente por termos a possibilidade de agir conforme o dever é que somos livres. O dever fazer determinado ato representa o poder fazer esse ato. Essa é a maneira como a liberdade se encaixa no contexto dos escritos morais de Kant, ou seja, como condição de possibilidade do imperativo categórico, a qual faz o indivíduo escapar ao aspecto meramente material da ação.

Temos, então, um momento oportuno para que o conceito de *autonomia* na filosofia de Kant seja apresentado. A autonomia está associada à liberdade no sentido de o indivíduo poder dar direção à sua vontade em conformidade com o dever moral expresso no imperativo categórico. Nesse caso, a vontade é direcionada segundo uma lei impregnada no próprio indivíduo e que dele provém – eis o conceito de autonomia como "lei própria". Caso contrário, se a moralidade da vontade dependesse de situações externas ao sujeito, o conceito a ser aplicado seria o de *heteronomia*, isto é, de uma lei que vem de fora (do sujeito) e não é a ele inerente.

O segundo ponto postulado pela filosofia de Kant é a existência de Deus. Esse postulado está associado à questão da felicidade. O dever moral de agir em conformidade com a lei moral está associado à virtude. Esta leva à felicidade, mas podemos afirmar que é uma forma de felicidade vinculada ao prestígio de agir segundo o dever. Dessa maneira, é possível postular a existência de Deus, que permite ao indivíduo usufruir da felicidade menos neste mundo e mais em outro possível mundo que não seja regido pelas leis mecânicas da experiência.

O terceiro postulado é a imortalidade da alma, a qual se justifica pois agir conforme o dever moral significa agir em conformidade com a santidade. No entanto, tal estado não se consegue no mundo físico, mas é nesse mundo que ocorre a adaptação do indivíduo à forma da norma moral, o que, por sucessivas existências, faz com que a adaptação seja plena, surgindo, assim, a santidade. As sucessivas existências somente ocorrem se houver algo no indivíduo que seja eterno e que não sucumba à morte física, mas que permaneça com identidade própria e que tenha uma nova chance de, paulatinamente, se adaptar à forma da lei.

Quando nos debruçamos sobre a *Crítica da razão pura* e a estudamos em sua completude, temos a noção de que aquilo que não foi possível adentrar examinando a validade do conhecimento, a coisa em si, tem novo horizonte na *Crítica da razão prática*, porque o dever moral promove a própria santidade como fim último, segundo o postulado kantiano. Em suma, a ética kantiana tem como fundamento unicamente o sujeito com suas condições *a priori*, tanto em termos metafísicos (formas puras do conhecimento) quanto em termos morais (imperativo categórico), sendo justificada a validade da ação moral universal de maneira transcendental (que ultrapassa a experiência).

5.4
A crítica do juízo

Sem dúvida, a *Crítica do juízo* pode ser considerada uma obra que serve como "ponte" entre a *Crítica da razão pura* e a *Crítica da razão prática*. Naquela, Kant trabalhou a questão do conhecimento e estabeleceu a fronteira entre o fenômeno e o *noumenon*. Este, por sua vez, não é acessível em termos de conhecimento científico. Já na obra *Crítica da razão prática*, a pauta é a questão da moralidade. Se, por um lado, não temos acesso à coisa em si pelo conhecimento, nós o temos pela questão prática da ação moral. A *Crítica do juízo* serve como uma forma de intermediação entre o mundo dos fenômenos e o da coisa em si.

Nessa obra, Kant trabalhou com a questão do sentimento, isto é, com os juízos estéticos. Estes são reflexos da experiência subjetiva do sujeito e comportam os sentimentos advindos da experiência de estados estéticos.

Os estados estéticos a que nos referimos são o belo e o sublime. O conceito de *belo* está associado à capacidade subjetiva do prazer e, mais do que isso, de um prazer necessário, desinteressado e que proporciona satisfação em geral segundo um juízo de gosto. Este está fundamentado naquilo que apraz (dá prazer) ou que não apraz ao indivíduo. Assim, é possível afirmar que o belo está associado à forma do objeto no sentido de apresentar os limites desse objeto. Já conceito de *sublime* está associado à ausência de limite daquilo que é percebido, e pode ser analisado em duas perspectivas: o sublime matemático e o sublime dinâmico. O matemático faz referência àquilo que é imenso (uma catedral gigantesca) e o dinâmico, àquilo que é imensamente potente (como uma tempestade).

Mais uma vez, temos a questão da universalidade e da necessidade em pauta. E em que termos Kant a coloca ao analisar os juízos estéticos?

Estes são juízos de gosto e resultam da combinação de duas faculdades: intelecto e imaginação. Da harmonia entre essa relação surge o sentimento de prazer, universal e necessário, em conformidade com a subjetividade geral dos indivíduos.

A terceira crítica kantiana influenciou de maneira fundamental os filósofos que viriam a surgir no cenário do pensamento ocidental, desde os românticos alemães até os filósofos do idealismo alemão. Daí a importância fundamental dessa obra.

Do autor, ver:

- *Acerca da forma e dos princípios do mundo sensível e inteligível* – 1770;
- *Crítica da razão pura* – 1781;
- *Prolegômenos a toda metafísica futura que queira apresentar-se como ciência* – 1783;
- *A fundamentação da metafísica dos costumes* – 1785;
- *Crítica da razão prática* – 1788;
- *Crítica do juízo* – 1790;
- *A religião nos limites da simples razão* – 1793;
- *À paz perpétua* – 1795.

Síntese

Neste capítulo, vimos como a leitura da filosofia de Hume, com a crítica sobre o princípio de causalidade, fez Kant acordar de seu "sono" como metafísico dogmático. Ainda, analisamos como, na *Crítica da razão pura*, o filósofo alemão discorreu sobre as potencialidades e os limites da capacidade intelectiva no sentido de responder à questão sobre a possibilidade da metafísica como ciência. Também foi proposta a separação entre o fenômeno e a coisa em si (*noumenon*). A *Crítica da razão pura* é uma obra dividida em três partes, as quais correspondem às três operações da mente: a estética transcendental (apreensão), a analítica transcendental (juízo) e a dialética transcendental (o raciocínio).

Já na obra *Crítica da razão prática*, Kant verificou a possibilidade de estabelecer uma moral que não levasse em conta a experiência para que, dessa forma, tivesse validade universal. É a formulação do imperativo categórico.

Por fim, no livro *Crítica do juízo*, Kant apresentou, a análise crítica da faculdade que elabora julgamentos e que tem por objeto o sentimento estético. Os conceitos de *belo* e *sublime* estão em perspectiva.

Atividades de autoavaliação

1. A filosofia de Kant representa uma revolução para o pensamento filosófico da mesma forma que o sistema copernicano heliocêntrico representa uma revolução para a astronomia. Por quê?
   a) Porque, a partir das considerações de Kant, é o sujeito que detém as condições para que o conhecimento ocorra, e não o objeto.
   b) Porque é o sujeito que deve adaptar-se ao objeto na relação sujeito-objeto para a formulação do conhecimento.

c) Porque, após as considerações de Kant, a faculdade racional foi descartada da lógica do conhecimento.

d) Porque os dados dos sentidos não são mais levados em conta para que o sujeito elabore o conhecimento.

2. Quais são as categorias *a priori* que possibilitam que a apreensão seja uma atividade mental?
  a) Tempo e qualidade.
  b) Qualidade e quantidade.
  c) Fantasia e sensação.
  d) Tempo e espaço.

3. A obra Crítica da razão pura está dividida em três partes, que correspondem às três operações da mente: a estética transcendental (apreensão), a analítica transcendental (juízo) e a dialética transcendental (o raciocínio). Segundo Kant, quais são os elementos que compõem o conhecimento?
  a) A intuição e a fé.
  b) O conceito e a *res cogitans*.
  c) A intuição e os conceitos.
  d) A intuição e a sensibilidade.

4. Ao adentrar o âmbito da coisa em si, a capacidade intelectual opera com _____.
  a) o intelecto.
  b) a sensibilidade.
  c) o transcendente.
  d) a razão.

5. Paralogismos são raciocínios defeituosos que ocorrem aos raciocínios referentes:
   a) às questões da alma e do mundo.
   b) às questões da alma, somente.
   c) às questões do mundo, somente.
   d) às questões sobre Deus.

6. Avalie a afirmação a seguir como verdadeira ou falsa:

   A diferença específica entre o sublime dinâmico e o sublime matemático é que aquele remete à ideia de grandiosidade e de potência, enquanto este remete somente à ideia de grandiosidade.

Atividades de aprendizagem

Questões para reflexão

1. Considere a seguinte situação para discussão em grupo: um garoto chega da escola e pede à mãe autorização para ir brincar. Ela pergunta ao menino se ele tem algum dever de casa; o filho mente e responde que não há lição para ser feita em casa. Por mais banal que seja essa mentira, de acordo com o imperativo kantiano, a ação do menino é moralmente válida? Por quê?

2. Em grupo, a partir do prisma do imperativo categórico, discuta sobre questões que envolvem crimes, por exemplo: corrupção pública, assassinato, roubo, crimes de atentado ao pudor etc.

3. Qual é a diferença entre a razão e o intelecto na filosofia kantiana e como eles se relacionam com a coisa em si?

Atividade aplicada: prática

Realize uma pesquisa comparativa entre as considerações formuladas por Kant e Hume sobre a ação moralmente válida. Apresente, na forma de texto, os contrastes e as semelhanças entre elas.

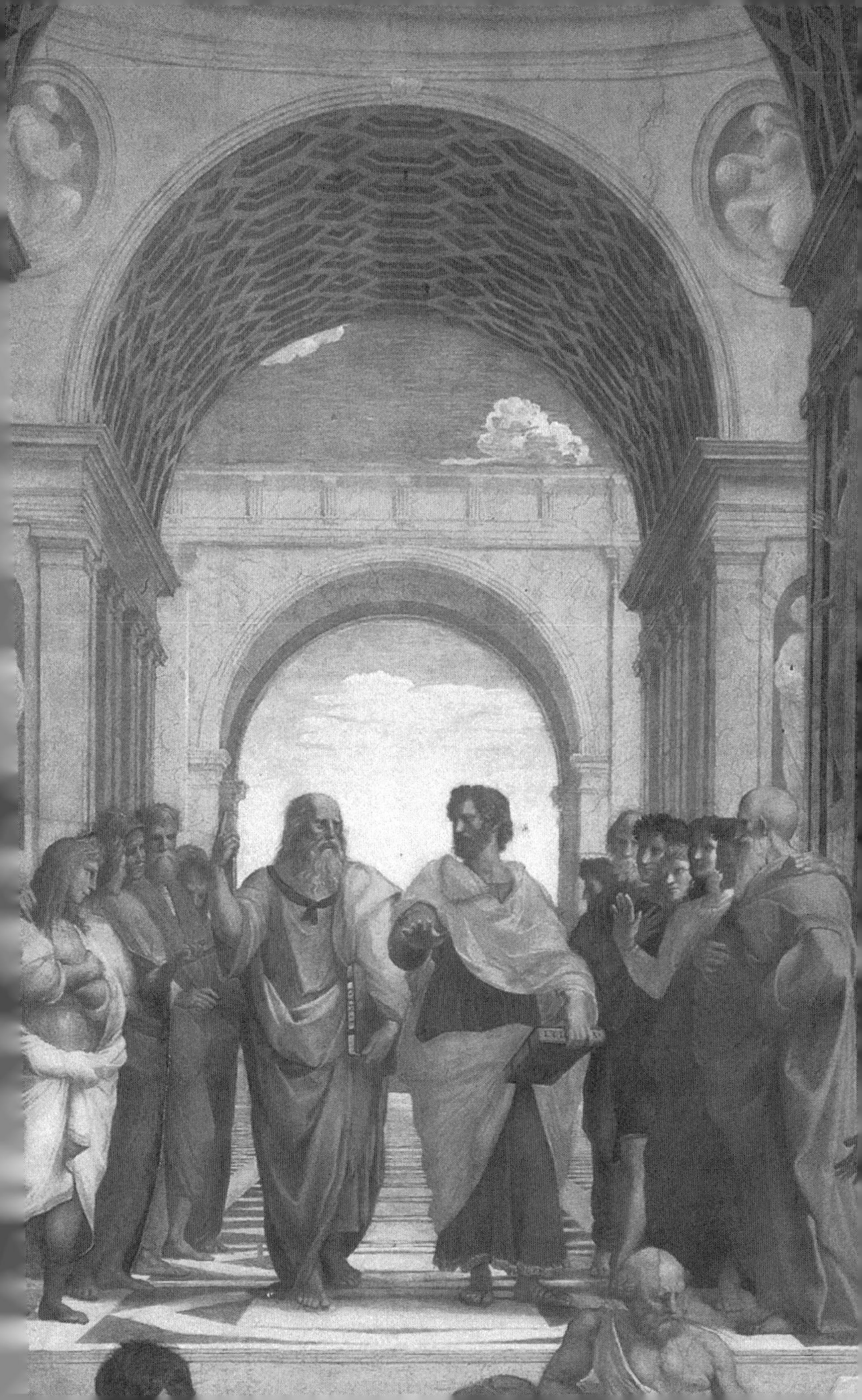

6

O movimento romântico
e o idealismo alemão

*A**pós o criticismo kantiano, imerso no contexto iluminista, surgiram dois movimentos filosóficos que proporcionaram um novo horizonte ao pensamento ocidental: o romantismo e o idealismo alemão.*

O romantismo é um movimento filosófico com origem na Europa, no século XIX, e que teve grande influência em vários ramos do conhecimento, como a literatura, a música, a política e as artes em geral. O movimento romântico pode ser considerado como uma resposta ao Iluminismo, o qual, por sua vez, tinha como alicerce a valorização da racionalidade e da ciência em detrimento da superstição e da autoridade na seara do saber.

6.1
O romantismo e a valorização da subjetividade

Com o romantismo, ocorre a valorização da subjetividade do indivíduo em oposição ao caráter objetivo do conhecimento. Valorizam-se, sobretudo, o caráter emotivo do indivíduo, o vínculo entre o indivíduo e a natureza, o sentimentalismo, o escapismo, as condições existenciais e passionais da vida, como o sofrimento e a alegria, a fantasia, o sonho e a poesia, a religiosidade e seu aspecto misterioso, mágico e sobrenatural, a imaginação, as idealizações e o saudosismo. Há uma valorização do aspecto irracional em face da valorização da razão iluminista. Tal perspectiva representa um momento histórico carregado de contrastes, em que, por exemplo, a Revolução Francesa provocou uma ruptura em termos políticos e houve o surgimento de uma nova ordem econômica com a Revolução Industrial e suas consequências em termos sociais.

O momento de transformações aparecia como uma necessidade de superação dos ditames iluministas e de busca pela novidade por meio da ausência de regras a serem seguidas, pois se, por um lado, a racionalidade ditava as regras para o conhecimento verdadeiro, por outro, era apenas uma das facetas do homem; as outras faces eram as paixões, os sonhos, os devaneios e os instintos, isto é, a desrazão humana.

Em termos históricos, a Inglaterra e a Alemanha foram os principais países em que a cultura romântica floresceu. Na Alemanha surgiram vários expoentes de renome, os quais deram vulto ao movimento romântico, denominado *Sturm und Drang* (Tempestade e Ímpeto).

É do itinerário filosófico que coloca a *res cogitans* cartesiana em perspectiva, passando pelas considerações do idealismo de Berkeley e culminando na noção de "eu pensante" de Kant e na crítica à noção da coisa em si kantiana, que nasce o movimento idealista alemão, com três pensadores de suprema importância: Fichte, Schelling e Hegel.

O denominador comum dos diferentes pensadores do idealismo alemão é a noção de que a realidade é mera extensão do pensamento e nada mais. O pensamento cria a realidade, e não há a "coisa em si mesma": tudo é representação do pensamento. Portanto, a realidade depende unicamente do sujeito que a representa: eis como o termo *idealismo* deve ser tomado, ou seja, o sujeito como sendo o artífice do real.

No entanto, apesar da noção idealista comum aos pensadores citados, cada um deles desenvolverá a perspectiva do idealismo em uma seara da investigação filosófica, como veremos. Vamos iniciar com os principais nomes do romantismo e, posteriormente, passaremos ao estudo dos idealistas alemães.

6.2
Johann Gottfried von Herder (1744-1803)

Um dos assuntos que o romantismo teve a originalidade de pôr em debate foi a questão do surgimento da linguagem e suas inúmeras variações. A obra de Herder merece ser destacada por sua contribuição em termos da origem da linguagem. O pensador inovou ao afirmar que a linguagem resulta da subjetividade humana e não está associada com a perspectiva racional de conceito, juízos e raciocínios.

A linguagem está associada com a subjetividade na medida em que proporciona a manifestação dos sentimentos do homem, de suas angústias e de seus prazeres. Tal manifestação originária está associada ao modo primitivo da linguagem, a partir dos primeiros grunhidos emitidos, gritos que são sinais de emoção. Ao mesmo tempo, a linguagem é uma manifestação tão natural quanto as sensações.

De fato, Herder afirmou que a linguagem surge de uma manifestação sutil do espírito humano que ele denominou *reflexão*, momento em que a sensação torna-se tão profunda e sutil que o observador consegue perceber variadas características em um mesmo objeto. Esse grau de percepção ocorre pela atenção dispensada a um objeto, atenção que se apresenta cada vez mais intensa e que faz cada aspecto do objeto em questão ser notado pelo observador. A sensação é aprofundada pela reflexão, e a soma da sensação com a reflexão produz a linguagem. Ou seja, esta é necessária pois é fruto de um movimento cada vez mais sutil e interiorizado da consciência.

Herder trabalhou as noções de *história* e de *estética* em uma perspectiva completamente nova, se comparada com a abrangência que esses conceitos tinham pelo viés iluminista. Em termos estéticos, o pensador afirmou a relatividade de horizontes possíveis tendo em vista que há variados povos e, com isso, diferentes formas de percepção da realidade. Além disso, a história nos mostra que há épocas e contextos e, por isso, em cada contexto histórico podemos perceber diferentes noções estéticas.

A história está associada à ideia de o gênero humano estar em consonância com a natureza. Natureza e história estão vinculadas ao tema do desenvolvimento da humanidade; mais do que isso, para Herder, são manifestações divinas.

> Do autor, ver:
> - *Ensaio sobre a origem da linguagem* – 1772;
> - *Ideias para uma filosofia da história da humanidade* – 1784.

6.3
Wilhelm von Humboldt (1767-1835)

Os irmãos Humboldt ficaram conhecidos no pensamento europeu do século XIX por seus dotes intelectuais ímpares. Alexander von Humboldt tem em sua obra *Cosmos* a marca do pensamento científico do gênio. Já Wilhelm von Humboldt tem seu nome marcado no desenvolvimento do pensamento romântico por ter dado continuidade às investigações sobre a linguagem feitas por Herder.

André Müller

Wilhelm von Humboldt estudou a formação e o ordenamento de várias línguas, faladas tanto por povos europeus quanto por povos indígenas, e apontou para a ordem própria da linguagem, no sentido de que ela apresenta regras para que haja a inteligibilidade.

A linguagem não é oriunda do objeto, mas proporciona uma síntese entre a pluralidade de objetos e, dessa forma, possibilita aquilo que é denominado *objetividade*, porque é a condição pela qual são manifestados diferentes pontos de vista sobre os objetos.

De fato, tais pontos de vista sobre a realidade não são completamente simétricos, mas há simetria parcial entre eles, pois, caso não houvesse, seria impossível a compreensão entre pessoas que dialogam. Nessa perspectiva, a universalidade da humanidade está na capacidade linguística do espírito humano, pois, apesar de diferentes formas (número variado de línguas representando diversos povos), os indivíduos podem se comunicar entre si.

Assim, o que mais importa quanto à linguagem e à inteligibilidade não é o conceito em si sobre determinado objeto ou ideia, mas o contexto em que o conceito é expresso, ou seja, **é a frase que proporciona a síntese inteligível, e não a mera palavra que representa dado objeto ou ideia.**

Cada língua representa uma forma de perceber a realidade, pois manifesta a maneira como cada povo representa o real; a realidade pode ser representada de maneira diferente conforme as noções e os costumes de cada povo. Em suma, cada língua representa a marca dos costumes de uma nação e a forma pela qual essa nação, em traços gerais, concebe o mundo ao seu redor. Nessa perspectiva, a linguagem torna-se a identidade de um povo, ou seja, é identificada como o elo que unifica os diferentes em aparência e potencializa o sentimento de comunidade e de coesão social de determinado povo, surgindo, assim, o estado unificado de uma nação. A linguagem estaria, então, associada ao desenvolvimento histórico de determinado povo e seria parte de sua história cultural no sentido de possibilitar a transmissão do conhecimento.

Do autor, ver:
- *Sobre a diversidade da estrutura da linguagem humana* – 1836.

6.4
Johann Wolfgang von Goethe (1749-1832)

O movimento romântico *Sturm und Drang* tem dois importantes pensadores: Schiller e Goethe. Vejamos os pontos básicos da obra de cada um deles. Iniciemos com o segundo.

Goethe nasceu em Frankfurt, no seio de uma família de posses que pôde proporcionar-lhe uma educação que perpassou desde a seara do desenho até a aprendizagem de várias línguas, como o francês, o italiano e o grego. Além disso, estudou os acontecimentos científicos de sua época – os quais tiveram significativo impacto em sua obra – e frequentou o curso de Direito.

Mais especificamente, vamos chamar a atenção para alguns temas dos escritos de Goethe que são relevantes em âmbito filosófico. O primeiro refere-se ao reflexo dos estudos voltados para a natureza em termos científicos. Em sua obra, o poeta tratou da força que atrai e repulsa, a qual está na gênese de todos os fenômenos e promove seu desenvolvimento qualitativo, como as manifestações orgânicas na natureza, que se multiplicam e se tornam cada vez mais complexas. O segundo ponto relaciona-se à questão do divino. Goethe manifestou sua tendência panteísta ao designar a natureza como *manifestação de Deus*.

Vale a pena mencionarmos o impacto das obras *Os anos de aprendizado de Wilhelm Meister* e *Fausto*. A primeira é um relato da formação de Wilhelm Meister e de suas variadas experiências durante a vida (inclusive artísticas), até encontrar uma sociedade secreta que ajuda na formação das pessoas para que elas consigam aquilo que almejam. O pano de fundo do livro é rico porque aponta para a sociedade da época e para vários temas que aparecem no decorrer da vida de Wilhelm, os quais fazem menção aos dilemas do ambiente cultural do período.

Já *Fausto* representa a posteridade para Goethe, no sentido de que a obra foi tão marcante para o romantismo que se tornou leitura obrigatória. Há variadas possibilidades de apreciação do livro, que tem viés político, moral, psicológico, trágico etc. Em determinados momentos, os personagens passam por situações dramáticas, que podem refletir os dramas da modernidade. Mas a ideia que mais fica patente é a questão do desenvolvimento desejado pelo protagonista, um desejo pessoal de vivenciar inúmeras experiências para obter o desenvolvimento interno desejado. Entre as "inúmeras experiências" está a de aniquilação. A questão do desenvolvimento é importantíssima na obra por refletir um anseio da modernidade, que passava por mudanças em vários campos da vida social. O contraste entre o desenvolvimento pessoal e o desenvolvimento coletivo é um dos aspectos que mais chama a atenção; eles podem estar em descompasso ou podem ser concomitantes.

Em termos filosóficos, no fim de sua carreira, Goethe trabalhou em sua *Teoria das cores*, obra com a qual estava disposto a dar um novo caminho para a temática em questão, tendo em vista as considerações newtonianas sobre o tema.

Do autor, ver:

- *Os sofrimentos do jovem Werther* – 1774;
- *Fausto* – 1775 (primeira versão) e 1808 (versão definitiva);
- *Os anos de aprendizado de Wilhelm Meister* – 1795;
- *As afinidades eletivas* – 1809;
- *Teoria das cores* – 1810.

6.5
Friedrich Schiller (1759-1805)

Em termos educacionais, o que mais nos interessa em relação a Schiller são seus estudos sobre filosofia – com especial menção ao kantismo – e sua dedicação ao estudo da história. No total, passou aproximadamente dez anos se ocupando com estudos históricos e filosóficos.

Quanto ao aspecto filosófico da obra de Schiller, podemos ressaltar o vínculo que o pensador estabeleceu entre a liberdade e a estética. De forma mais específica, ocorre que, ao educar o homem esteticamente, ele está sendo educado para a liberdade.

De que forma isso ocorre? Por meio da beleza, isto é, da constituição daquela pessoa que comporta a alma bela, a qual é harmonizadora entre a porção "material-instintiva" e a porção "formal-racional" que constituem o homem. Quando essas instâncias estão equilibradas, temos a noção de *alma bela*, noção que marcou definitivamente o movimento romântico e fez sucesso na época. O que equilibra essas instâncias? O livre movimento do jogo que ocorre entre elas. Assim, a estética (com a beleza) passou a ser a via pela qual, por meio da liberdade, o homem torna-se naturalmente um ser em que o instinto e a razão estão mediados pela beleza.

Outro ponto importante sobre os aspectos filosóficos da obra de Schiller está na questão relativa à poesia ingênua e sentimental, caracterizada em seu ensaio de 1976, cujo título é exatamente *Poesia ingênua e sentimental*. A diferença entre a poesia ingênua e a sentimental é que nesta a poesia resulta não do ingênuo contato direto com a natureza, mas do pensar sobre o sentimento que o poeta tem e que se manifesta quando adentra o âmbito da natureza. Sem dúvida, a poesia de seu tempo, isto é, do movimento romântico, tem viés sentimental porque a natureza causa impacto no sujeito ao ser "recepcionada" pelos sentidos; e é justamente o resultado da reflexão sobre esse impacto que promove a obra de arte poética. Assim, em termos práticos, o poeta sentimental faz poesia não apenas por ver uma tempestade de grandes proporções se formar diante de si, mas ao pensar sobre o que sentiu ao ser impactado pela tempestade.

> Do autor, ver:
> - *Sobre graça e dignidade* – 1793;
> - *Do sublime* – 1793;
> - *Cartas sobre a educação estética do homem* – 1794;
> - *Poesia ingênua e sentimental* – 1796;
> - *Wallenstein* (teatro) – 1799.

6.6
Johann Gottlieb Fichte (1762-1814)

Doravante, vamos passar ao estudo dos autores fundamentais do movimento idealista alemão. Johann Gottlieb Fichte foi um dedicado estudioso de teologia e, posteriormente, de filosofia, mais especificamente do criticismo kantiano e da filosofia moderna.

De início, Fichte tinha como fonte filosófica a doutrina de Spinoza. No entanto, seu posicionamento seria modificado por completo no decorrer da vida por questões filosóficas extremamente fecundas. As obras de Kant o impressionaram e, depois de sua leitura, ele se dedicou plenamente ao conhecimento filosófico.

Escreveu um ensaio que foi elogiado por Kant, intitulado *Crítica de toda revelação*. Esse ensaio fora publicado anonimamente; sua autoria fora atribuída a Kant. Posteriormente, Fichte foi declarado autor do ensaio e seu nome tornou-se famoso no mundo filosófico. Portador de dotes intelectuais de envergadura elogiável, foi professor por duas vezes, na Universidade de Jena e na Universidade de Berlim. Fichte é considerado o arauto do idealismo alemão.

O filósofo fundamentou sua noção idealista na consciência do homem.

André Müller

A consciência, quando analisada, mostra-se como uma **atividade do eu**, uma atividade livre que proporciona a representação da realidade. Assim, todas as coisas não são em si, mas são somente com o crivo do sujeito que as representa.

O mundo é criação do sujeito por sua atividade consciente e pensante. Em última instância, o pensamento é o epicentro da realidade, e não esta do pensamento. A consciência do eu é o sujeito que conhece, e o objeto é conhecido quando a consciência analisa a si mesma e percebe-se como atividade pensante.

Ao partir de tais considerações, Fichte praticamente aniquilou o caráter objetivo da realidade. Se retomarmos o problema fundamental da filosofia moderna, a diferença entre a subjetividade pensante e a realidade objetiva extensa e a relação entre esses dois polos distintos, a resposta fichteana será tirar de cena a objetividade e deixar somente a subjetividade. Esta, por sua vez, é criativa e livre. Temos, dessa forma, com o primado da subjetividade, a fundação do idealismo fichteano, o qual tem por fundamento três pontos importantes: o "eu puro", o "não eu" e a "limitação do eu".

O filósofo nomeou a noção subjetiva do "eu pensante" como "eu puro". Este é a identidade do pensamento com o próprio pensamento, ao qual Fichte denomina *egoidade*. O "eu puro pensante" não é o "eu" do sujeito como indivíduo, mas um "eu absoluto" que se autoposiciona, e tal ato de autoposicionamento é um ato de liberdade. Eis o primeiro princípio do pensamento fichteano.

O segundo princípio da doutrina de Fichte é o "não eu". O "Eu" que se autoposiciona opõe algo a si, também proporcionando o "não eu". Ou seja, a atividade do "eu absoluto" que se autoposiciona é livre e, ao mesmo tempo, dinâmica, porque, ao se colocar, coloca algo oposto a si mesmo.

O terceiro princípio estabelece a limitação e a determinação do "eu" como resultante da oposição ente o "eu puro" e o "não eu".

É justamente no terceiro princípio que temos a figura do "eu empírico" fazendo o papel de sujeito que pensa; por fim, temos a noção de "não eu" como o objeto que é pensado. Dessa forma, se percebermos pelo viés da possibilidade de se pensar um objeto, teremos manifestações do "eu puro pensante" ou da "egoidade" como atividade que é realizada no "eu empírico" e no "não eu".

O filósofo esclarece como, a partir da noção subjetiva do "eu", ocorre a sensação e a noção de que existe efetivamente uma realidade externa ao sujeito. Fichte afirmou que a realidade externa é a manifestação de uma **atividade inconsciente** que envolve a imaginação. Quando conhecemos, é o "não eu" (objeto que é conhecido) que determina o "eu", e é a imaginação inconsciente que intermedeia o processo. No entanto, se analisamos o processo de conhecimento em seus pormenores, a realidade é mera manifestação do sujeito, em última instância.

Quando agimos, o "eu" tem o "não eu" como possibilidade de efetivação de sua liberdade. Em termos morais, é o "eu" que interfere no não eu. A liberdade está associada ao ilimitado no sentido da ilimitada perfeição que se realiza com a busca incessante da superação dos limites ("não eu"). Trata-se de uma superação infinita ao infinito.

Como essas considerações se encaixam no corpo da filosofia fichteana? Essas considerações tomam caráter ético porque o problema central da filosofia fichteana é a moralidade, e suas considerações filosóficas derivam da questão da razão prática, e não da razão teórica-especulativa. E a questão prática está voltada para a ascensão do "eu empírico" ao "eu puro absoluto". Eis a missão do homem, eis a missão do douto. Para atingir a completude da missão, é necessário que o "não eu" seja aniquilado, isto é, que o próprio mundo seja superado completamente pela via da moral.

É oportuno citarmos que a filosofia fichteana pode ser dividida em duas fases. A primeira delas tem como características os pontos que apresentamos até agora. Na segunda, ocorre uma guinada com relação aos posicionamentos do filósofo. Há um ser absoluto, em termos ontológicos, que está para além do sujeito pensante, isto é, Deus, como ser absoluto, tem um caráter ontológico que fundamenta o sujeito pensante. Nesse ponto, o filósofo se aproximou das considerações dos neoplatônicos, apontando para a imutabilidade e a unidade de Deus. Notadamente, os últimos escritos de Fichte têm caráter místico e religioso, em que a fé é colocada em evidência.

Do autor, ver:
- *O destino do erudito* – 1794;
- *Fundamentos da doutrina da ciência completa* – 1794;
- *Fundamento do direito natural* – 1796;
- *Sistema da doutrina moral* – 1798.

6.7
Friedrich Wilhelm Schelling (1775-1854)

De início, a formação educacional de Schelling passou por questões teológicas quando frequentou o seminário, mas ele logo adentrou outros ramos do conhecimento, sendo um deles a filosofia. Foi no seminário que conheceu o poeta Hölderlin e o filósofo Hegel. Schelling foi professor em Jena, substituindo Fichte. Posteriormente, ensinou em algumas universidades, como em Vurzburgo, em Munique e em Berlim. Schelling teve acesso ao círculo dos pensadores românticos da época, e entre estes marcou sua presença principalmente com uma de suas obras, *Sistema do idealismo transcendental*.

No início do pensamento schellinguiano, prevalece a questão sobre a relação do sujeito com o objeto, havendo a prevalência de um polo sobre outro, questão que se reflete agora no idealismo transcendental (o sujeito que representa a realidade) e na questão do dogmatismo (como a realidade em si dos fenômenos). Mas a questão está revestida pelas filosofias de Spinoza e de Fichte no pensamento de Schelling. Spinoza, por um lado, viabilizou completamente o objeto e aniquilou o sujeito, validando o caráter da substância. Por outro lado, Fichte apontou para o sujeito e para o mundo, afirmando que o mundo é manifestação do sujeito unicamente.

Schelling elaborou em sua doutrina uma síntese entre essas posições antagônicas. O filósofo tomou como objeto de estudo a relação entre o "eu absoluto" (Fichte) e a natureza (Spinoza) e produziu a "filosofia da natureza". Nesta, a natureza contém o mesmo caráter do "eu absoluto", ou seja, um caráter da atividade incessante. Em outras palavras, o "eu absoluto" e a natureza apresentam a mesma dinâmica e o mesmo princípio. Logo, o que ocorre na natureza ocorre no espírito, e vice-versa.

A posição intermediária entre as noções de sujeito e objeto, ou melhor, a valorização tanto de um aspecto quanto do outro, faz com que alcancemos o conceito de *absoluto*. E qual o significado dessa palavra para o filósofo? Enquanto na doutrina de Fichte encontramos o "eu absoluto" como ponto arquimediano da realidade, a noção de absoluto está associada à superação da oposição entre sujeito e objeto no pensamento de Schelling. Podemos considerar o absoluto como o ponto de origem de todas as coisas e, mais do que isso, a indiferença entre aquilo que aparentemente é diferente, ou seja, aquilo que não é sujeito nem objeto. É oportuno considerarmos que o "absoluto schellinguiano" é uma instância em que inexiste diferenciação entre os dois polos. Por isso, é uno e não apresenta dualidade, não contém em si o equivalente ao sujeito e ao objeto, mas é completamente distinto deles. No entanto, todas as coisas provêm do absoluto – que é infinito. O sujeito provém do absoluto, da mesma forma que o objeto.

A partir do que foi colocado, o filósofo afirmou que o absoluto se manifesta na natureza. Se, para Fichte, a natureza tinha como fundamento o "eu absoluto", para Schelling, tal noção não seria válida. Ele apregoou que há uma identidade entre o espírito e a natureza e que o mesmo substrato que compõe um compõe o outro também. Assim, a atividade do "eu absoluto" no sistema fichteano passa para a seara da natureza, que, dessa forma, contém o princípio da atividade, que está **fora do sujeito**.

E é justamente dessa forma que o infinito e o ilimitado tornam-se finito e limitado. A passagem do infinito para o finito reflete a potencialidade da autoconsciência do absoluto, a qual, pelo acesso ao limitado (objetos), tende ao ilimitado, porque remete ao absoluto.

A atividade da natureza ocorre na forma hierárquica de manifestações mais simples até promover os organismos mais complexos. Mas como se dá o processo de desenvolvimento das etapas hierárquicas? Ocorre pela força de expansão e de retração na natureza – do embate entre elas emerge uma nova manifestação em âmbito natural. Essa **força primária** que impulsiona a dinâmica da natureza é atividade, como apontamos; mas, de forma mais específica, é **atividade inconsciente**, que apresenta a finalidade única da atividade perpétua em manifestações mais complexas.

No homem, ocorre o ápice da complexidade da natureza, momento em que "a criatura percebe a criação", isto é, o momento em que a natureza é "objeto para si própria". Dessa maneira, acontece a atividade de o absoluto voltar a si próprio, inclusive pela capacidade humana de pensar. Logo, chegamos à seguinte conclusão: **se o homem é o ápice da complexidade da natureza, então, quando ele vê a natureza, vê seu passado hierárquico por etapas estruturadas que são as hierarquias da natureza.** É o passado do inorgânico que se tornou orgânico e que depois chegou a ser consciência que reflete e que observa todo o itinerário da autoconsciência do absoluto (refletida na consciência do homem). Se o sentido do itinerário é o retorno ao absoluto, isto é, a autoconsciência do absoluto, o homem está a um passo desse retorno, tendo em vista que é lúcido do rastro da pré-consciência até a consciência na natureza.

Qual é o caminho ou a via de retorno ao absoluto?

No pensamento schellinguiano, o homem retorna ao absoluto quando a diferença fundamental e evidente para a razão teórica entre o sujeito (ideal) e o objeto (real) é fundida pela noção de *atividade inconsciente*. A perspectiva ideal em que o sujeito estabelece o limite da relação com o objeto, ou seja, a noção idealista, é denominada *filosofia teorética*. Por outro lado, a perspectiva em que o objeto como realidade estabelece o limite da representação denomina-se *filosofia prática*. O idealismo transcendental de Schelling sintetiza ambas as perspectivas. Mas como tal síntese é possível?

Nesse ponto, a obra de arte tem papel fundamental na filosofia de Schelling, porque proporciona de forma inigualável a superação entre a dualidade sujeito-objeto anteriormente mencionada.

A arte representa o ilimitado no limite porque apresenta inúmeras possibilidades de ser significada. O ilimitado encontra limite na manifestação do absoluto na natureza. No sujeito, a manifestação do ilimitado do espírito encontra o limite na representação. A perspectiva entre o limite e o ilimitado está caracterizada pelo esquema da "consciência e inconsciência", que pode ser visto perfeitamente na obra de arte.

Assim, a arte representa o próprio absoluto como uma **atividade criadora**, em que há o limitado e o ilimitado. Na obra de arte, temos a intuição estética, que sintetiza no limitado a ausência do limite. Assim, podemos claramente apontar que, enquanto Fichte tem sua obra de pensamento voltada para a questão da prática (filosofia moral), Schelling tem, em sua filosofia, um forte aspecto estético. Enquanto o mundo objetivo (finito e limitado) é fruto da atividade inconsciente do homem, o âmbito estético reflete o caráter transcendental. Ao ter acesso à arte, o homem é alçado ao próprio absoluto originário pela perspectiva de comunhão entre o ideal e o real.

6.7.1 *A filosofia positiva*

Na parte final do pensamento schellinguiano, podemos constatar como o filósofo propôs uma nova sistemática que rechaça a ideia de se perguntar sobre a essência das coisas em geral e se concentra na existência das coisas. A busca pela essência, ou seja, pelos princípios lógicos que regem as condições pelas quais as coisas são, o pensador designa como *filosofia negativa*, filosofia até então professada. A partir de então, Schelling propôs a chamada *filosofia positiva*, que se ocupa da própria existência, e não de condições lógicas.

Nessa perspectiva, emergem dois temas: a filosofia da revelação e a filosofia da mitologia. Quanto a esta, as considerações não remetem ao estudo da organização mágico-fantasiosa da realidade elaborada por povos primitivos, mas ao progressivo desenrolar que ocorre nas religiões quanto ao conceito de Deus. Além disso, a manifestação de Deus na natureza também é levada em conta.

A temática da revelação é inerente a todas as formas de religiosidade, segundo o filósofo, e ocorre na medida em que o caráter reflexivo adentra o âmbito religioso. As diversas religiões são maneiras diferentes de manifestação de Deus; mais especificamente, são formas distintas de Deus se revelar para a humanidade. De fato, é no conceito de *revelação* que está o alicerce de mais de uma manifestação religiosa, mais especificamente da religião cristã, em que a revelação proporciona a "guinada" fundamental para um horizonte completamente novo em termos existenciais.

Do autor, ver:
- *Cartas filosóficas sobre o dogmatismo e o criticismo* – 1796;
- *Ideia para uma filosofia da natureza* – 1797;
- *Sistema do idealismo transcendental* – 1800;
- *Bruno, ou princípio natural e divino das coisas* – 1802;
- *Investigações filosóficas sobre a essência da liberdade humana* – 1808;

6.8
Georg Wilhelm Friedrich Hegel (1770-1831)

Hegel iniciou seus estudos em teologia e filosofia no seminário de Tübingen. Ele tinha interesse mormente pelos escritos gregos, o qual provinha desde seus estudos no ginásio, realizados em Estugarda, sua cidade natal. Como já apontamos, ocorreu o encontro entre ele, Schelling e Hölderlin, figuras que influenciaram sua trajetória filosófica.

André Müller

Hegel atuou como professor em Frankfurt e em Berna, período dedicado ao estudo da história; posteriormente, tendo em vista a guerra napoleônica, ele chegou a dirigir uma instituição de ensino em Nuremberg. Atuou, outrossim, como professor em Heidelberg e depois foi para Berlim, local em que permaneceu por treze anos, até a data de sua morte, e em que teve grande reconhecimento de suas produções filosóficas.

É importante iniciarmos o estudo do pensamento de Hegel pelo significado dos seus escritos produzidos na juventude, período em que a temática de suas obras girou em torno de questões teológicas.

Em termos gerais, o filósofo trabalhou com a noção de religião em termos históricos, realizando um paralelo entre a percepção grega do elemento religioso e a religião judaica. Estas são antagônicas entre si, pois, enquanto na religião judaica há a presença de Deus na forma de um "pai severo que pune", na religião grega a liberdade rege as relações entre os deuses, os homens e a natureza. Ao apresentar a distinção entre ambas as concepções, Hegel apontou o papel do cristianismo em termos históricos, apresentando a doutrina cristã como síntese da reflexão sobre a religião, síntese que tem como elementos antagônicos as posições judaica e grega, como mencionamos. Nessa nova síntese, que é o cristianismo, Deus é a pessoa (na figura de Cristo) e é amor compassivo e piedoso.

É justamente essa forma de pensamento que se tornou a marca da filosofia hegeliana, pensamento cujo ponto de partida concentra-se na oposição entre duas situações antagônicas; como resultado desse contraste, brota uma situação completamente nova, que promove a síntese do antagonismo. A esse método de pensamento dá-se o nome de *dialética*, tema de que trataremos a seguir.

Notoriamente, podemos verificar como a dialética está concretizada no pensamento de Hegel desde os escritos de sua juventude, que apontavam, por exemplo, para o modo como a figura da Trindade cristã era percebida pelo filósofo segundo o prisma dialético. O Pai representa a totalidade, o Filho representa o homem em sua finitude e limitação, e o Espírito é a condição de superação da finitude que alcança a totalidade.

Se temos como evidência a noção do aspecto religioso e teológico que os escritos iniciais do filósofo apresentam e, além disso, a importância da dialética desde o nascimento do hegelianismo, precisamos verificar como tais considerações são relevantes no decorrer do sistema. Assim, passemos adiante para examinarmos os principais pontos da filosofia de Hegel.

O primeiro ponto a ser tratado refere-se ao conceito de *espírito absoluto*. Esse conceito é fundamental porque designa a "totalidade", no sentido de que no absoluto ocorre a unidade entre o pensamento e a realidade. Para Hegel, não existe dualidade entre o pensamento e as coisas como realidade.

Isso significa que pensamento e realidade não são coisas distintas, mas equânimes. Mais do que isso, o absoluto é constante "vir a ser" e desenvolvimento; é a efetiva superação que promove o desenvolvimento qualitativo que visa à perfeição a cada manifestação. Eis a finalidade do vir a ser do absoluto. E a manifestação que qualitativamente tende para a perfeição ocorre de maneira necessária, e não contingente.

Além disso, o espírito absoluto é atividade que "se move por si só" e, por isso, é infinito. O espírito estabelece o finito e o supera, porque aquilo que é finito somente pode estar contido no infinito. Como é movimento, podemos designar o **espírito absoluto** não como a pluralidade dos objetos que se apresentam ao sujeito, mas como a **unidade pela qual a multiplicidade ocorre**, ou melhor, como **unidade que promove o múltiplo variado**.

Mas, de maneira mais específica, como se manifesta o absoluto? O espírito absoluto não se manifesta de forma imediata, mas somente de forma mediata e progressiva. Além disso, de forma mais específica, para verificarmos como ocorre essa manifestação, temos de adotar o princípio dinâmico da dialética, porque o real não é estático, mas mutante.

Quando entendemos as fases do movimento dialético, compreendemos como o espírito absoluto se manifesta. Como sabemos que o absoluto é constante movimento, então os passos da dialética têm de obrigatoriamente refletir tal atividade do vir a ser.

Como é possível constatarmos esse "devir constante"? É possível constatarmos pelos três momentos que compõem a dialética: a tese, a antítese e a síntese. A tese constitui o tempo da afirmação; a antítese, o da negação; a síntese, o da união entre tese e antítese, momento em que ocorre a elevação da condição inicial antagônica entre a afirmação (tese) e a antítese (negação), ou seja, um momento de superação do antagonismo inicial que não nega a dualidade inicial, mas a supera sintetizando o que há de positivo na tese e na antítese. Particularmente, o momento da síntese é designado por Hegel como o *Aufhebung*, que significa "superação", "elevação" e "afirmação".

Pois bem, desde o intelecto do homem até a natureza, toda a realidade é composta pela dialética. Ou seja, a realidade se compõe de uma sequência de acontecimentos e situações que vão se sucedendo continuamente, e o movimento dessa sucessão é de superação da situação estabelecida para uma nova situação qualitativamente distinta da anterior. Eis o itinerário de toda a realidade. Hegel nos apresenta mais de um exemplo:

> *O botão desaparece no florescimento, podendo-se dizer que aquele é rejeitado por este; de modo semelhante, com o aparecimento do fruto, a flor é declarada falsa existência da planta, como fruto entrando no lugar da flor como a sua verdade. Tais formas não somente se distinguem, mas cada uma delas se dispersa também sob o impulso da outra, porque são reciprocamente incompatíveis. Mas, ao mesmo tempo, a sua natureza fluida faz delas momentos da unidade orgânica, na qual elas não apenas não as rejeitam, mas, ao contrário, são necessárias uma para a outra, e essa necessidade igual constitui agora a vida do inteiro.* (Reale; Antiseri, 1991b, p. 103)

O que podemos perceber nessa passagem é a variação de estados que se sucedem durante a vida da planta. A unidade é a vida orgânica, que somente ocorre em virtude da sucessão de acontecimentos, de maneira a mudar qualitativamente a situação anterior para a posterior.

O movimento está presente em toda a realidade segundo três momentos denominados, respectivamente, "em si" (tese), "fora de si" (antítese) e "retorno a si" (síntese). Cada um desses momentos se refere a uma concepção fundamental do sistema de Hegel. O "em si" diz respeito à lógica; o "fora de si", à natureza; o "retorno a si", ao espírito.

A lógica remete à noção de *ideia*; a natureza, à de manifestação da ideia;

e o "retorno a si", ao retorno da ideia a si mesma. Esse movimento é o movimento circular de manifestação do espírito absoluto como totalidade do real que se apresenta como ideia (lógica), natureza e espírito.

Quadro 6.1 – Quatro comparativo dos três momentos do sistema de Hegel

Em si	Tese	Ideia (lógica)
Para de si (fora de si)	Antítese	Natureza
Retorno a si	Síntese	Espírito

6.8.1 A lógica

O espírito absoluto se manifesta de forma dialética, e esta é composta por três momentos. O primeiro momento, como vimos, é o "em si", isto é, a ideia do absoluto tratada pela lógica. Há três aspectos que devem ser levados em conta como etapas da lógica que remetem à ideia da primeira estrutura triádica do absoluto: a lógica do "ser", a do "não ser" e a do "devir". Tudo o que existe parte desse movimento circular entre ser, não ser e devir. O ser representa a ideia "em si"; o não ser, a ideia "para si"; e o devir é o resultado, o "retorno a si". Eis a estrutura da primeira tríade. Uma nova tríade surge a partir do devir porque este é afirmação e, como apontamos anteriormente, o incessante movimento do espírito absoluto rege a realidade.

6.8.2 A natureza

A natureza é o estágio do "para si", isto é, o oposto do "em si", que se desdobra como exigência oposta deste. A natureza é o que está "fora" do "em si", é a alienação da ideia. Na natureza, a ideia é negada; se no primeiro momento temos a ideia, no segundo, por oposição, temos a concretude da natureza.

Da mesma forma que na lógica, há três formas de desenvolvimento na natureza: a física, a mecânica e a biológica. A mecânica trata das questões relativas ao espaço e aos corpos. A biológica remete ao orgânico, isto é, à vida. A física trata de questões relativas à forma dos objetos individualizados, para além da noção de *massa* que esses objetos apresentam.

6.8.3 O espírito

Da mesma forma que a natureza e a ideia (lógica), o espírito, momento da síntese na estrutura da dialética, representa o retorno da ideia a si mesma e de superação da dualidade inicial entre ideia e natureza.

Quais são os três pontos de desenvolvimento do espírito? Iniciemos pelo espírito subjetivo, o qual faz menção ao espírito do indivíduo. Aqui é válido mencionar o indivíduo como ente particular. O segundo desenvolvimento é o espírito objetivo, que pode ser percebido na formação dos povos. O terceiro desenvolvimento é o espírito absoluto, que atua em três campos: na arte, na filosofia e na religião. Em suma, o desenvolvimento do espírito ocorre desde o particular (no homem), passa pela formação dos povos com o decorrer dos anos e culmina naquilo que há de mais geral, ou seja, na arte, na religião e na filosofia.

É a filosofia que proporciona o conhecimento do absoluto, conhecimento que ocorre pela via conceitual. Assim, essa ciência pode ser vista como o espírito tomando consciência do espírito absoluto. E é justamente na história da filosofia que podemos verificar o caminho que o pensamento filosófico toma e que, com a filosofia hegeliana, culmina na consciência do sistema triádico pelo qual o espírito absoluto se manifesta.

A arte é a manifestação do absoluto em caráter concreto, e o conceito de *belo* é levado em conta de maneira a ser identificado plenamente com a obra de arte (e somente com ela). A beleza e a arte são idênticas, e não há uma sem a outra. Da mesma forma que há uma história da filosofia – isto é, há uma história da via pela qual se alcança o saber absoluto –, há também uma história da arte. Nela o desenvolvimento se dá até a arte romântica, que pode ser considerada como o momento em que ocorre o vínculo entre a beleza e seu caráter transcendente.

Por fim, a religião, pela sua própria história, representa o momento do conhecimento do absoluto em que o espírito conhece a si mesmo como "manifestação de Deus no homem". É a religião cristã, na figura de Cristo, o ápice desse itinerário religioso.

6.8.4 *Fenomenologia do espírito e a história*

Então, após essas considerações, como podemos compreender a chamada *fenomenologia do espírito*? Como a passagem da consciência do "eu empírico" para o espírito absoluto. E de que forma isso ocorre? Por meio da filosofia com a dialética. Como exemplos, temos os diálogos platônicos que ocorrem no formato de pergunta e resposta, em afirmações e na superação dessas afirmações pela possibilidade da contrariedade da afirmação. Hegel via na filosofia o passaporte da consciência comum para o absoluto. A filosofia é a ciência do absoluto, e este somente pode surgir na consciência pela **elevação** desta. O instrumento que proporciona a elevação é a dialética. Assim, a fenomenologia representa o itinerário da manifestação do espírito absoluto na história.

Constantemente, o espírito absoluto se manifesta; nessa perspectiva, tal manifestação ocorre na história. Esta representa o rastro da manifestação do absoluto, a forma pela qual este pode ser percebido.

Podemos detectar na história acontecimentos entre os povos e acontecimentos que podem ser percebidos segundo um vínculo entre o fato e uma perspectiva geral dos acontecimentos. A compreensão não ocorre pelo isolamento de determinado fato, mas quando ele é colocado em conjunto com outros fatos e, ao mesmo tempo, diferenciado destes. Não há compreensão sem relação e não há relação sem a delimitação de determinado acontecimento histórico em face de outro acontecimento.

O absoluto e a história se confundem pela perspectiva do constante vir a ser dialético. Eis o momento para lembrarmos o pensamento de Hegel, ainda jovem, sobre a religião.

Dessa forma, não há equívoco quanto ao fenômeno histórico do absoluto, pois nada ocorre ao acaso ou é fruto de acidente; tudo é realização do espírito absoluto, que tende a uma elevação qualitativa de sua manifestação no decorrer do tempo (histórico) pela dialética. Assim, em termos históricos, há uma perpétua sucessão de fatos – primeiro, do indivíduo particular e isolado; depois, para a família; em seguida, para a sociedade e, por fim, para a figura do Estado. Eis o movimento circular, cada vez mais vasto e abrangente. De fato, o Estado é a representação clara da manifestação do espírito absoluto como a própria realidade da moralidade:

> *Em si e para si, o Estado é a totalidade da ética, a realização da liberdade, e que a liberdade seja real é a finalidade absoluta da razão. O Estado é o espírito que está no mundo e se realiza nele com consciência [...]. O ingresso de Deus no mundo é o Estado; o seu fundamento é a potência da razão que se realiza como vontade. Na idéia do Estado, não se deve ter presente estados particulares, instituições particulares; ao contrário, deve-se considerar a idéia em si mesma, esse Deus real.* (Reale; Antiseri, 1991b, p. 151)

A sistemática do espírito absoluto, segundo a concepção anterior, pouco tem afeição ao indivíduo. Com efeito, segundo o exposto, o indivíduo é mero instrumento de uma vontade maior, a qual chega ao seu ápice, em termos sociais, com a formação do Estado. E nele está coroada a ética do "eu que é nós" (Reale; Antiseri, 1991b, p. 122). Em outras palavras, o Estado é o próprio espírito.

A doutrina filosófica de Hegel é um projeto filosófico inigualável porque pretende abarcar todo o real, desde a manifestação cultural até as descobertas científicas, a sociedade e o indivíduo, a matéria e a religiosidade, bem como busca explicar a totalidade segundo as regras da dialética, o que culmina em uma síntese qualitativa cada vez mais elevada. Visto de forma abrangente, há um movimento circular cada vez mais amplo, como um movimento em espiral. Esse movimento dialético incessante do absoluto ocorre no tempo, isto é, na própria história. Por abarcar tamanha grandiosidade, a filosofia de Hegel é a expressão do idealismo absoluto que se tornou insuperável pela abrangência do projeto filosófico.

Do autor, ver:

- *O espírito do cristianismo e seu destino* – 1798;
- *Diferença entre o sistema filosófico de Fichte e de Schelling* – 1801;
- *Fenomenologia do espírito* – 1807;
- *Ciência da lógica* – 1816;
- *Princípios da filosofia do direito* – 1821;
- *Enciclopédia das ciências filosóficas em compêndio* – 1830.

Síntese

Neste capítulo, vimos que a estética, a linguagem e a questão do desenvolvimento social e econômico foram assuntos abordados pelos pensadores relacionados no início do capítulo, os quais refletiram temáticas sobejamente conhecidas e discutidas no movimento romântico.

Destacamos como Fichte trabalhou com a noção idealista da "egoidade", retirando de cena a coisa em si estabelecida na filosofia kantiana – o mundo é manifestação do "eu". A perspectiva da filosofia fichteana voltou-se para o caráter ético. Ainda, vimos que Schelling realizou a síntese entre o subjetivo e o objetivo no absoluto. A perspectiva do pensamento de Schelling voltou-se para o caráter estético.

Por fim, observamos que Hegel anunciou a dialética como o desenrolar de um espírito absoluto que conduz todos os acontecimentos da realidade e, mais do que isso, que pode ser verificado no desenvolvimento da história. Os fatos históricos concorrentes ao âmbito das religiões, por exemplo, não são contingentes, mas refletem a manifestação do absoluto. A perspectiva da filosofia hegeliana direcionou-se para um caráter lógico.

Indicações culturais

O movimento romântico é muito rico em termos artísticos. Sugerimos que o leitor tenha acesso à visualização de obras de arte de artistas, músicos e escritores do romantismo. Para tanto, apenas a caráter exemplificativo, elencamos alguns nomes que podem servir como ponto de partida para futuras pesquisas:

- ROMANTISMO NA MÚSICA: Frederic Chopin, Franz Liszt, Johannes Brahms, Ludwig van Beethoven, Richard Wagner, Sergei Rachmaninoff.

- ROMANTISMO NA PINTURA: Eugène Delacroix, Francisco Goya, William Turner.
- ROMANTISMO NA LITERATURA: Johann Wolfgang von Goethe, Friedrich Schiller, Friedrich Wilhelm Hölderlin, Lord Byron.

CIUDAD DE LA PINTURA. Disponível em: <http://pintura.aut.org>. Acesso em: 12 jun. 2015.

Verifique no *site* as obras dos pintores do período romântico.

Atividades de autoavaliação

1. O romantismo é um movimento filosófico do século XIX que desvaloriza:
    a) a racionalidade e a objetividade.
    b) a subjetividade e a racionalidade.
    c) a percepção estética do homem com relação aos fenômenos sociais.
    d) o sentimento e a percepção estética da natureza.

2. O movimento romântico pode ser considerado uma resposta à qual movimento filosófico?
    a) Racionalismo.
    b) Empirismo.
    c) Idealismo.
    d) Iluminismo.

3. Segundo Herder, a linguagem tem como fonte:
    a) a reflexão.
    b) a sensação.
    c) a sensação e a reflexão.
    d) a sensação e a metafísica.

4. Analise a afirmação a seguir e indique se ela é verdadeira ou falsa:

   Segundo Humbold, a linguagem proporciona identidade à coletividade de um povo, bem como existe um vínculo entre a linguagem e o desenvolvimento desse povo, pois a língua falada em determinado país representa seu caráter cultural.

5. Na filosofia de Fichte, é possível apontarmos que a realidade que circunda o sujeito tem caráter objetivo?
   a) Sim, na filosofia de Fichte, a coisa em si kantiana tem papel relevante.
   b) Sim, pois, caso não houvesse o caráter objetivo, a subjetividade também não existiria.
   c) Não, a realidade não passa de uma ilusão, somente.
   d) Não, porque a realidade é manifestação do "eu pensante" do sujeito, e as coisas não têm caráter objetivo.

6. Na filosofia de Schelling, o conceito de absoluto representa:
   a) a síntese entre o "eu absoluto" fichteano e o conceito de natureza que está presente na filosofia de Kant.
   b) somente a natureza como substância única presente na realidade e que proporciona a atividade subjetiva.
   c) a ratificação da ideia do "eu absoluto" de Fichte e da natureza como mera atividade do "eu pensante".
   d) a síntese entre o "eu absoluto" fichteano e o conceito de natureza que está presente na filosofia de Spinoza.

7. Analise a afirmação a seguir e responda se ela é verdadeira ou falsa:

   Para Hegel, realidade e pensamento são âmbitos completamente distintos que em hipótese alguma podem ser conectados.

8. Indique se a afirmação a seguir é verdadeira ou falsa:

   A dialética tem papel fundamental no idealismo absoluto de Hegel. A dialética é a manifestação do espírito absoluto que representa cada vez mais, de forma mais intensa, o caráter de generalidade de suas manifestações, assemelhando-se ao movimento circular de uma espiral, que é cada vez mais abrangente.

Atividades de aprendizagem

Questões para reflexão

1. Atualmente, vivemos em um contexto cultural que valoriza mais a razão ou o sentimento nas pessoas? Reflita sobre a pergunta vinculando-a à noção de *alma bela* de Schiller.

2. Tendo em vista as considerações feitas sobre o idealismo alemão, até que ponto podemos afirmar a existência de uma realidade externa ao sujeito quando temos a noção de que o sabor de uma determinada comida, por exemplo, é fruto de impulsos analisados pelo cérebro?

Atividade aplicada: prática

Realize uma pesquisa que apresente as características do pensamento iluminista e as características do movimento romântico. Aponte na pesquisa a diferença entre os conceito de *razão* para os iluministas e o de *sentimento* para os românticos.

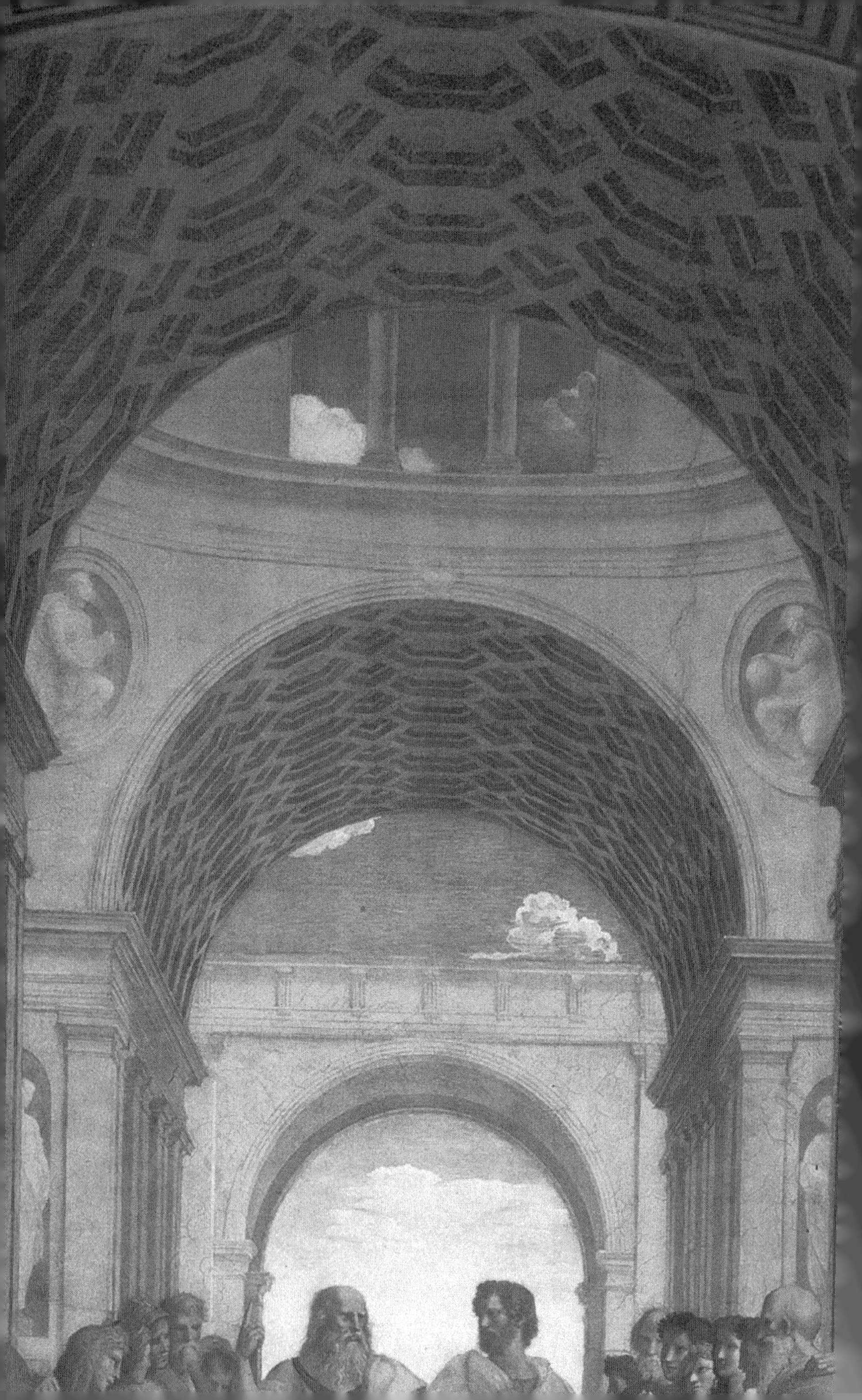

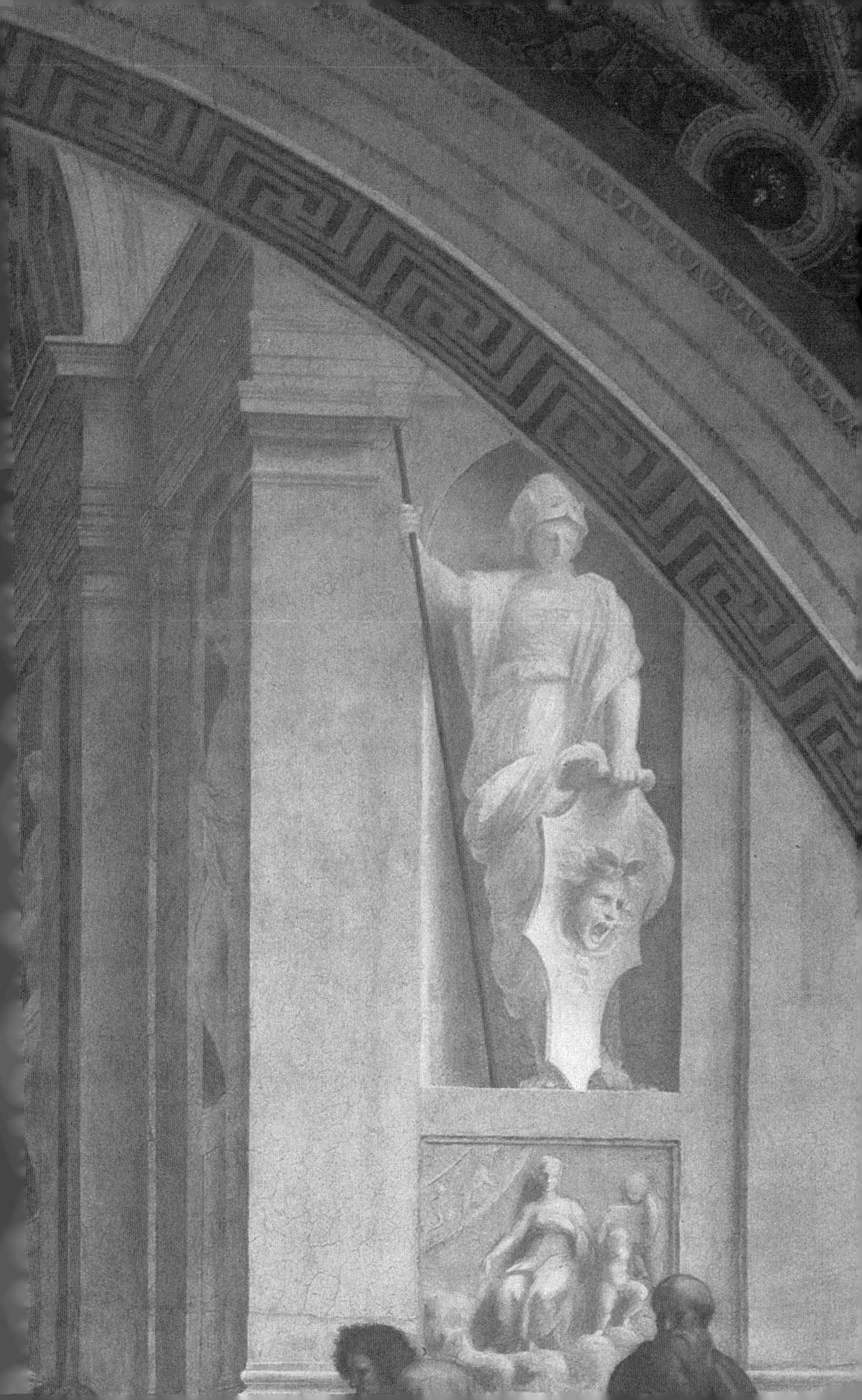

considerações finais

Com o *presente* trabalho, examinamos a trajetória da filosofia na Idade Moderna considerando a questão fundamental da modernidade: a validade do conhecimento e do método.

Apontamos as principais características da modernidade para que você pudesse compreender o contexto histórico do período analisado. Na continuidade, trabalhamos a filosofia renascentista, a qual precede o pensamento filosófico moderno e representa a possibilidade teórica do desenvolvimento da filosofia da modernidade. Os temas desenvolvidos não surgiram de forma meramente espontânea, mas com base no histórico conceitual a ser levado em conta para uma compreensão ampla.

Abordamos também os principais autores do racionalismo e do empirismo, correntes filosóficas que são expressões puras do pensamento moderno e que fundamentaram, em termos metafísicos e experimentais, o que atualmente compreendemos como uma modalidade do conhecimento que influencia decisivamente a vida das pessoas: o conhecimento científico.

Delimitamos como a síntese crítica realizada por Kant entre o racionalismo e o empirismo promoveu uma "revolução copernicana" em âmbito filosófico, ao centrar a possibilidade do conhecimento no sujeito, e não no objeto. No entanto, é injusto considerar a obra de Kant e suas contribuições somente pelo viés da teoria do conhecimento. Na ética e na estética, o desenvolvimento da reflexão também foi profundo. A filosofia de Kant representou um marco sem o qual não podemos pensar o contexto filosófico da modernidade; ela influenciou sobremaneira o surgimento do idealismo alemão, que, por sua vez, representou uma novidade de tal envergadura na filosofia que pode ser comparado ao florescer de uma nova proposta filosófica, culminando no idealismo intransponível de Hegel.

Devemos observar, entretanto, que a história do pensamento ocidental não termina na modernidade. Da mesma forma que a filosofia do Renascimento possibilitou o surgimento do pensamento moderno, este fornecerá subsídios teóricos para a filosofia contemporânea.

referências

ABBAGNANO, N. **Dicionário de filosofia**. 4. ed. São Paulo: M. Fontes, 2000.

ARANHA, M. L. de A.; MARTINS, M. H. P. **Filosofando**: introdução à filosofia. São Paulo: Moderna, 1988.

ARANHA, M. L. de A.; MARTINS, M. H. P. **Temas de filosofia**. São Paulo: Moderna, 1997.

BACON, F. **Novo órganon** [*Instauratio Magna*]. São Paulo: Edipro, 2014.

BECKER, Idel. **Pequena história da civilização ocidental**. São Paulo: Companhia Editora Nacional, 1980.

BORNHEIM, G. A. **Introdução ao filosofar**: o pensamento filosófico em bases existenciais. 3. ed. Porto Alegre: Globo, 1976.

BURCKHARDT, J. **A cultura do Renascimento na Itália**: um ensaio. São Paulo: Companhia das Letras, 2003.

DA VINCI, L. **Obras literárias, filosóficas e morais**. São Paulo: Hucitec, 1997.

DESCARTES, R. **Discurso do método**. São Paulo: M. Fontes, 2009.

DESCARTES, R. **Meditações metafísicas**. São Paulo: Abril Cultural, 1991.

D'HONDT, J. **Hegel**. Lisboa: Edições 70, 1995.

GALILEI, G. **Sidereus nuncius**: o mensageiro das estrelas. 3. ed. Lisboa: Fundação Calouste Gulbenkian, 2010.

GOETHE, J. W. **Os sofrimentos do jovem Werther**. São Paulo: M. Fontes, 2007.

HOBBES, T. **Do cidadão**. Tradução de Renato Janine Ribeiro. São Paulo: M. Fontes, 1998.

HOBBES, T. **Leviatã**. Tradução de João Paulo Monteiro e Maria Beatriz Nizza da Silva. São Paulo: M. Fontes, 2003.

HEGEL, G. W. F. **Enciclopédia das ciências filosóficas em epítome**. 3. ed. Lisboa: Edições 70, 1992.

HEGEL, G. W. F. **Fenomenologia do espírito**. São Paulo: Vozes, 2011.

HEGEL, G. W. F. **O sistema da vida ética**. Lisboa: Edições 70, 1991.

HUME, D. **Investigações sobre o entendimento humano e sobre os princípios da moral**. São Paulo: Ed. da Unesp, 2004.

HUME, D. **Tratado da natureza humana**. São Paulo: Ed. da Unesp, 2001.

KANT, I. **Crítica da faculdade do juízo**. São Paulo: Forense Universitária, 2012.

KANT, I. **Crítica da razão prática**. São Paulo: M. Fontes, 2003.

KANT, I. **Crítica da razão pura**. Tradução de Valério Rohden e Udo Moosburger. São Paulo: Abril Cultural, 1980.

KANT, I. **Crítica da razão pura**. São Paulo: Nova Cultural, 1987.

KANT, I. **Crítica da razão pura**. Tradução de Manuela Pinto dos Santos. Lisboa: Fundação Calouste Gulbenkian, 2008.

KANT, I. **Fundamentação da metafísica dos costumes**. Tradução de Paulo Quintela. Lisboa: Edições 70, 1997.

KANT, I. **Fundamentação da metafísica dos costumes**. Lisboa: Edições 70, 2015.

KANT, I. Resposta à pergunta: que é "esclarecimento"? In: LEÃO, E. C. (Org.). **Textos seletos**. Edição bilíngue. Tradução de Floriano de Sousa Fernandes. Petrópolis, RJ: Vozes, 1974.

LOCKE, J. **Ensaio acerca do entendimento humano**. São Paulo: Nova Cultural, 1999.

MAQUIAVEL, N. **O príncipe**. São Paulo: Nova Cultural, 1996. v. 6. (Coleção Os Pensadores).

MAQUIAVEL, N. **O príncipe**. Tradução de Maria Goldwasser. São Paulo: M. Fontes, 2008.

MIRANDOLA, G. P. della. **Discurso sobre a dignidade do homem**. Tradução de Maria de Lourdes Sirgado Ganho. Lisboa: Edições 70, 2008.

MONDIN, B. **Curso de filosofia**. São Paulo: Paulus, 2013.

MONDIN, B. **Introdução à filosofia**: problemas, sistemas, autores, obras. 7. ed. São Paulo: Edições Paulinas, 1981.

MONTAIGNE, M. de. **Ensaios**. São Paulo: Abril Cultural, 1972. (Coleção Os Pensadores).

MORA, J. F. **Dicionário de filosofia**. 5. ed. Madrid: Alianza Editorial, 1984.

REALE, G.; ANTISERI, D. **História da filosofia**: do humanismo a Kant. 2. ed. São Paulo: Paulus, 1991a. v. 2.

REALE, G.; ANTISERI, D. **História da filosofia**: do romantismo até até os nossos dias. São Paulo: Paulus, 1991b.

REZENDE, A. **Curso de filosofia**. Rio de Janeiro: Zahar, 1986.

bibliografia comentada

MONDIN, Batista. **Introdução à filosofia**: problemas, sistemas, autores, obras. 7. ed. Curitiba: Paulus, 1981.

Essa obra pode acompanhar o estudante ao longo de um curso de filosofia como fonte de consulta. A linguagem utilizada pelo autor é acessível. Apesar de não haver aprofundamento dos temas tratados, é, sem dúvida, fonte de primeira pesquisa. Apresenta o material utilizado pelo autor para escrever sobre os filósofos abordados na obra. A bibliografia está em língua italiana.

BURCKHARDT, J. **A cultura do Renascimento na Itália**: um ensaio. São Paulo: Companhia de Bolso, 2009.

Trata-se de leitura obrigatória para aqueles que desejam realizar estudos mais aprofundados sobre o período renascentista.

OS PENSADORES. 8. ed. São Paulo: Nova Cultural, 2004.

Essa coleção traz trechos das obras de alguns filósofos citados, como Giordano Bruno, Galileu Galilei e Tommaso Campanella. Em cada livro referente a um pensador, há um breve relato introdutório sobre a vida e o resumo do pensamento do filósofo abordado.

MIRANDOLA, G. P. della. **Discurso sobre a dignidade do homem**. Tradução de Maria de Lourdes Sirgado Ganho. Lisboa: Edições 70, 2008.

Essa é uma interessante fonte de leitura sobre o humanismo-renascentista. Essa obra auxilia o leitor na compreensão do contexto em que o pensador italiano celebra a "dignidade do homem". Apesar de não ser extenso, o livro é rico em conteúdo, sobretudo pelo fulcro religioso.

MAQUIAVEL, N. **O príncipe**. Campinas: Edipro, 2010.

Extremamente conhecido, inclusive por estudantes de outras áreas do saber que não a filosofia, O *príncipe* representa um divisor de águas na reflexão sobre a política como "arte de condução da vida coletiva". A edição da Edipro é muito oportuna quanto à tradução e representa o que temos de mais atual a ofertar ao estudioso da filosofia de Maquiavel.

MAQUIAVEL, N. **Discurso sobre a primeira década de Tito Lívio.** São Paulo: M. Fontes, 2007.

Para aqueles que estudam a filosofia do pensador florentino, o *Discurso sobre a primeira década de Tito Lívio* não pode ser dispensado, haja vista a análise que Maquiavel elabora no decorrer da obra. Eclipsado em importância pela obra *O príncipe*, o *Discurso* complementa a real envergadura do pensamento de Maquiavel.

BIGNOTTO, N. **Maquiavel.** Rio de Janeiro: Zahar, 2003 (Coleção Passo a Passo).

PINZANI, A. **Maquiavel e o príncipe.** Rio de Janeiro: Zahar, 2004. (Coleção Passo a Passo).

Ambas as obras são interessantes para que o leitor se aprofunde na filosofia de Maquiavel. A primeira traz explicações de assuntos relevantes do maquiavelismo, como os conceitos de *virtú* e de *fortuna*; a compreensão destes é de fundamental importância para o entendimento da doutrina de Maquiavel. A segunda obra aponta com propriedade o papel de *O príncipe* no pensamento de Maquiavel. O método de Maquiavel, o contexto histórico e a relação entre a modernidade e o pensamento do filósofo são temas tratados pelo autor Alessandro Pinzani.

DA VINCI, L. **Obras literárias, filosóficas e morais.** São Paulo: Hucitec, 1997.

O livro reúne escritos interessantíssimos de Leonardo da Vinci. Como o próprio título sugere, há uma variedade de âmbitos que destoam daquele em que o gênio é mais conhecido, a pintura. A edição da Hucitec é bilíngue, característica que não se encontra em qualquer obra traduzida, e incentiva o leitor ao estudo da língua estrangeira.

Além disso, nessa obra há uma coletânea de máximas de autoria de Da Vinci que servem como impulso à reflexão.

COPÉRNICO, N. **As revoluções dos orbes celestes**. Lisboa: Fundação Calouste Gulbenkian, 1984.

Trata-se de um livro monumental de Copérnico em tradução para o português (de Portugal) pela editora da Calouste Gulbenkian. É oportuno observar que as considerações do astrônomo na obra remetem ao conhecimento de cunho científico e se distanciam do senso comum, impregnado pelo misticismo. Sugerimos que o leitor tenha em perspectiva esse distanciamento e a noção de surgimento de uma nova teoria astronômica.

GALILEI, G. **Sidereus nuncius**: o mensageiro das estrelas. 3. ed. Lisboa: Fundação Calouste Gulbenkian, 2010.

Essa obra é o marco fundamental para a astronomia e para o desenvolvimento do pensamento ocidental, pois é justamente nela que Galileu apresenta o resultado de suas observações astronômicas, com as quais a teoria geocêntrica tem suas bases minadas em favor da heliocêntrica. Apesar de ser diminuto em número de páginas – 24 no total –, a importância do livro é constatada, inclusive, como um referencial do desenvolvimento do conhecimento científico.

BACON, F. **Novo órganon** [*Instauratio Magna*]. Campinas: Edipro, 2014.

BACON, F. **A nova Atlântida**. São Paulo: Nova Cultural, 2004. (Coleção Os Pensadores).

Quanto às obras de Bacon, sugerimos a leitura da *Instauratio Magna*. Outra leitura extremamente agradável é *A nova Atlântida*.

Há capítulos que requerem máxima atenção do leitor, mas no todo a obra é inteligível quanto à linguagem empregada.

HOBBES, T. **Leviatã**. Tradução de João Paulo Monteiro e Maria Beatriz Nizza da Silva. São Paulo: M. Fontes, 2003.

Esse livro é uma leitura obrigatória para o estudante de filosofia política, bem como para interessados na filosofia de Hobbes. Representa a defesa do poder político exercida por apenas um soberano. É tido como uma das referências teóricas do absolutismo.

HOBBES, T. **Do cidadão**. Tradução de Renato Janine Ribeiro. São Paulo: M. Fontes, 1998.

Esse é um texto menos conhecido do que *Leviatã*, mas importante para o contexto da filosofia hobbesiana. Dividido em três partes, o livro trata da questão da condição humana (indivíduo), do governo e da estabilidade necessária para seu desenvolvimento, além de comentar questões teológicas.

LOCKE, J. **Ensaios sobre o entendimento humano**. São Paulo: M. Fontes, 2012.

O autor faz considerações filosóficas contrárias à noção de que o ser humano possui ideias preestabelecidas desde o nascimento. Sem dúvida, trata-se de um livro muito relevante para a fundação do empirismo, bem como para a compreensão da valorização da experiência para o conhecimento.

LOCKE, J. **Segundo tratado sobre o governo civil**. Petrópolis: Vozes, 1994.

Para os interessados em filosofia política, eis um título indispensável. Nele Locke trabalha, entre outros temas, as questões da liberdade humana, da propriedade e da organização política com base no legislativo e na tradição monárquica.

HUME, D. **Tratado da natureza humana**. 2. ed. São Paulo: Ed. da Unesp, 2009.

Esse é o título central da filosofia de Hume, em que o filósofo apresenta três temáticas de investigação: a questão do entendimento, da moral e das paixões.

PORTO, L. S. **Hume**. Rio de Janeiro: Zahar, 2006. (Coleção Passo a Passo).

Esse livro é útil como forma de compreender os pontos fundamentais do pensamento humeano. Chamamos a atenção mais especificamente para a questão do problema da indução, a relevância do ceticismo e a temática da natureza e sua relação com o conhecimento, pontos tratados logo no início da obra. Sugerimos a leitura desse livro como introdução para, posteriormente, o estudante adentrar nas obras do próprio pensador.

DESCARTES, R. **Discurso do método**. São Paulo: M. Fontes, 2009.

Trata-se de uma obra extremamente importante para o estudo da filosofia cartesiana e acessível ao leitor quanto à linguagem empregada.

DESCARTES, R. **Meditações metafísicas**. São Paulo: Abril Cultural, 1991.

Nesse trabalho, é oportuno que o estudante perceba o rigor lógico com que Descartes avança nas meditações.

SPINOZA, B. **Ética**. Edição bilíngue. 3. ed. Belo Horizonte: Autêntica, 2007.

Essa é uma ótima fonte de pesquisa sobre a obra de Spinoza, pois é a obra basilar desse autor. Apesar de a presente edição apresentar tanto a versão latina quanto a em português, sempre recomendamos que o leitor tenha acesso às obras originais dos autores estudados. A presente tradução da *Ética* é o que temos de mais recente e rigoroso (em termos de tradução) para ofertar ao estudante de filosofia e aos apreciadores do spinozismo.

MOREIRA, V. de C. **Leibniz e a linguagem**. Rio de Janeiro: Zahar, 2005. (Coleção Passo a Passo).

Esse trabalho pode servir como uma introdução ao pensamento de Leibniz, porque, logo no início, remete o pensamento deste ao de Descartes, procedimento interessante, haja vista que os pensadores são da mesma corrente de pensamento, o racionalismo, ainda que apresentem claros pontos divergentes quando as doutrinas são cotejadas. Há também uma seleção de textos e recomendações de leitura para que o leitor possa se aprofundar no pensamento de Leibniz.

KANT, I. **Crítica da razão pura**. Tradução de Manuela Pinto dos Santos. Lisboa: Fundação Calouste Gulbenkian, 2008.

KANT, I. **Prolegômenos a toda a metafísica futura**. Lisboa: Edições 70, 2008.

É interessante que o estudante leia de Kant primeiramente os *Prolegômenos*, pois explica muitos aspectos tratados na obra *Crítica da razão pura*. Sugerimos várias leituras dessas obras para que seria possível uma compreensão profunda, haja vista a complexa linguagem utilizada pelo filósofo.

KANT, I. **Crítica da faculdade do juízo**. São Paulo: Forense Universitária, 2012.
Esse texto requer atenção e paciência do leitor diante da densa linguagem empregada por Kant. O livro se inicia com questões sobre estética, fazendo menção aos conceitos de *belo* e *sublime* e refletindo sobre o juízo estético.

KANT, I. **Crítica da razão prática**. São Paulo: M. Fontes, 2003.
É uma apaixonante leitura sobre a filosofia moral kantiana. O texto não é de difícil compreensão, mas apresenta profundidade inigualável ao refletir sobre a possibilidade (e a própria validade) de um princípio válido em termos universais para reger a conduta. O livro é fundamental para a compreensão do desenvolvimento da reflexão ética que abrange a noção de *autonomia*, e que tem na filosofia kantiana seu florescimento.

KANT, I. **À paz perpétua**. São Paulo: Edições 70, 2008.

KANT, I. Resposta à pergunta: que é "esclarecimento"? In: LEÃO, E. C. (Org.). **Textos seletos**: edição bilíngue. Tradução de Floriano de Sousa Fernandes. Petrópolis: Vozes, 1974.
Esses trabalhos de menor envergadura, mas não menos importantes, apresentam leitura agradável e envolvem passagens muito ricas para reflexão.

FIGUEIREDO, V. B. de. **Kant e a crítica da razão pura**. Rio de Janeiro: Zahar, 2005. (Coleção Passo a Passo).
Esse trabalho de Kant sempre será um desafio ao estudante de filosofia. Daí a sugestão desse livro, que apresenta, de maneira breve, mas didática, o contexto da filosofia kantiana.

GOETHE, J. W. **Fausto**. São Paulo: Editora 34, 2004.

Esse livro retrata a genialidade do maior poeta alemão e representa um momento marcante não apenas na filosofia, mas na literatura do romantismo.

GOETHE, J. W. **Os sofrimentos do jovem Werther**. São Paulo: M. Fontes, 2007.

Ao ler essa obra, o estudante terá a oportunidade de perceber o quanto o sentimentalismo e a subjetividade foram características extremamente valorizadas no movimento romântico. O texto foi proibido em alguns países da Europa após sua publicação, tendo em vista o aumento do número de casos de suicídio entre os leitores.

SCHILLER, F. **A educação estética do homem**. São Paulo: Iluminuras, 2002.

Essa é uma obra relevante por conter elementos que ressaltam a experiência estética do romantismo.

BARBOSA, R. J. C. **Schiller e a cultura estética**. Rio de Janeiro: Zahar, 2004. (Coleção Passo a Passo).

Sugerimos ao leitor que inicie o estudo da filosofia schilleriana por esse livro de aspecto introdutório sobre as considerações da educação estética segundo Schiller.

VIEIRA, L. A. **Schelling**. Rio de Janeiro: Zahar, 2007. (Coleção Passo a Passo).

Trata-se de uma ótima leitura introdutória ao pensamento de Friedrich Schelling. Indicamos como introdução à filosofia de Schelling pelo caráter didático com que a obra foi organizada. O livro traz capítulos específicos para a primeira e a segunda fases do pensamento de Schelling, além de apresentar as ideias basilares do filósofo. Conta, ainda, com uma seleção de textos e um capítulo sobre a vida do pensador.

D'HONDT, J. **Hegel**. Lisboa: Edições 70, 1995.

É importante que o estudante leia primeiramente textos de análises da obra de Hegel, para somente depois partir para os trabalhos do pensador alemão. O procedimento é válido para o hegelianismo tendo em vista a linguagem rebuscada e de difícil compreensão de seus escritos. A obra de Jacques D'Hondt, portanto, serve bem a esse propósito.

HIPPOLYTE, J. **Introdução à filosofia da história de Hegel**. Lisboa: Edições 70, 1988.

Jean Hippolyte é um estudioso da filosofia de Hegel; esse trabalho é de suma importância pela forma como o autor arquiteta as considerações do filósofo alemão sobre a temática da filosofia da história. Nele são tratados aspectos centrais da teoria de Hegel sobre a filosofia da história. É um livro indicado para aqueles que desejam aprofundar-se nessa temática.

MENESES, P. G. de. **Hegel e a fenomenologia do espírito**. Rio de Janeiro: Zahar, 2003. (Coleção Passo a Passo).

Essa obra ajuda o leitor na compreensão da *Fenomenologia do espírito*, de Hegel, livro central da filosofia hegeliana. Este, de difícil leitura, merece uma explicação à parte no sistema do filósofo alemão. Daí a importância de aqueles que querem dedicar-se ao estudo da filosofia de Hegel iniciarem pelo livro de Paulo Gaspar de Meneses, em vez de encararem prontamente a *Fenomenologia*. O contexto em que o hegelianismo foi elaborado é parte importante da obra e também enriquece a compreensão.

O fato de indicarmos as obras citadas não significa que outros livros não possam ser de agrado do leitor. De fato, sugerimos que os interessados no estudo da filosofia tenham em mãos livros de vários autores para "experimentar" o estilo de cada um e, dessa forma, aferir aqueles que mais lhes aprazem e que, ao mesmo tempo, proporcionem a melhor compreensão dos assuntos tratados.

Quanto ao pensamento dos filósofos examinados no texto e mencionados nesta seção, o leitor encontrará várias passagens dos principais livros desses autores na coleção *Os Pensadores*, da Nova Cultural.

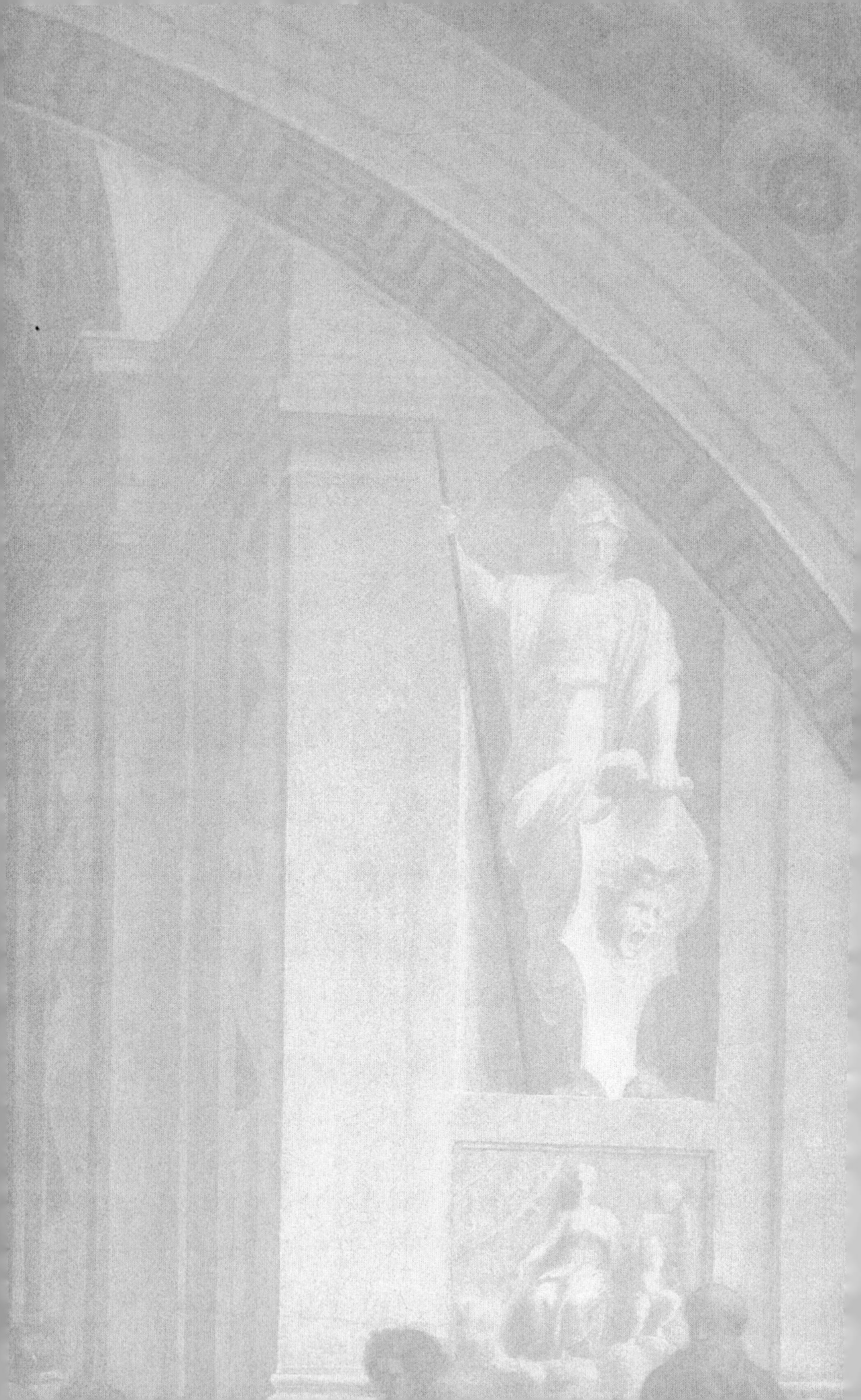

respostas

Capítulo 1

Atividades de autoavaliação

1. Falsa. A classe social que influenciou decisivamente o contexto social da modernidade foi a burguesia, tendo em vista o desenvolvimento do comércio.

2. d
3. Verdadeira.
4. d
5. c
6. c
7. a

Atividades de aprendizagem

Questões para reflexão

1. O leitor deve vincular as informações elencadas no capítulo ao conhecimento científico e à importância da modernidade para o desenvolvimento da ciência.

2. Em termos éticos, o vínculo pode ser feito com a possibilidade do sufrágio universal, por exemplo. Ademais, surge a valorização do indivíduo em face do coletivo, também com o ideal de liberdade sendo explorado e aprofundado. O que ocorre é a limitação do poder do Estado, que é representado pela tirania, perante o caráter privado e singular do indivíduo.

Capítulo 2

Atividades de autoavaliação

1. d
2. Verdadeira.
3. a
4. c
5. Verdadeira.
6. c
7. d
8. a

Atividades de aprendizagem

Questões para reflexão

1. Atos do mandatário de cargo público eleito pelo povo devem promover o benefício da coletividade. Atos que têm como consequência o benefício próprio em detrimento do benefício coletivo são destoantes à função. É preciso que haja instrumentos jurídicos poderosos no intuito de combater arbitrariedades, como o desvio de recursos públicos e vários outros atos na administração da coisa pública que propiciem a manutenção do poder dos mandatários responsáveis. O exercício do poder não pode estar subjugado a ações que prezem unicamente pela manutenção de tal poder. Nesse aspecto, cabe repensarmos a ética em âmbito político. Atualmente, os políticos têm *O príncipe* como um manual de conduta pela finalidade do livro, isto é, uma série de estratagemas que proporcionam a manutenção do poder pelo príncipe (ao político).

2. Esta é uma questão oportuna para o aluno elaborar suas próprias considerações sobre a noção que tem de realidade com base em seus sentidos, bem como para analisar a questão do erro e do acerto quando elabora juízos sobre os fatos.

Capítulo 3

Atividades de autoavaliação

1. d
2. d
3. a
4. a
5. d
6. Falsa. Francis Bacon trabalha a questão do método indutivo não apenas enumerando as etapas do método, mas mostrando a importância

da causa formal (uma das quatro causas de Aristóteles) para a compreensão das mutações e da própria estrutura da natureza, no sentido de tomar posse dela.

7. b

8. a

9. Falsa. A afirmação seria verdadeira se, em vez de Hume, fosse Kant. Hume aponta que o indivíduo é motivado por paixões designadas pela virtude (prazer) e pelo vício (desprazer). Não cabe à razão um papel no jogo das paixões que motivam a ação na filosofia de Hume.

10. c

11. Verdadeira.

12. a

13. Verdadeira.

Atividades de aprendizagem

Questões para reflexão

1. As normas são fundamentais para o estabelecimento de uma comunidade na medida em que vinculam os diferentes indivíduos a um acordo comum. É dessa forma que surgem as proibições e as ações válidas em termos coletivos. Quanto às proibições, como exemplo, temos crimes como furto e assassinato, considerados proibidos e passíveis de punição. Quanto às ações, como exemplo, podemos citar a valorização do trabalho.

2. Os alunos podem apontar situações práticas em que foram "confundidos" por seus sentidos e como isso influenciou em suas considerações sobre a forma de percepção da realidade.

Capítulo 4

Atividades de autoavaliação

1. c
2. b
3. b
4. a
5. d
6. Verdadeira.
7. Verdadeira.
8. Falsa. A noção de mônada na filosofia de Leibniz remete à de substância, e a de totalidade, à noção de finalidade. Nesse aspecto, Leibniz sorve da sabedoria dos antigos.
9. b

Atividades de aprendizagem

Questões para reflexão

1. Com base nas informações dadas no capítulo, os alunos podem utilizar o conceito de *razão* utilizado pelo movimento racionalista e desenvolver uma discussão sobre o papel da racionalidade e dos sentidos na elaboração do conhecimento.

2. A questão remete à importância do trabalho racional sem a necessidade da experiência, ou seja, o trabalho racional, segundo suas próprias regras, pode gerar resultados independentes da experiência, como é o caso da operação matemática de soma ou divisão. Podemos averiguar, em termos experimentais, a quantidade de determinados objetos contando-os um por um. No entanto, não necessitamos contar

cada objeto se sabemos a quantidade que havia e a quantidade retirada. Tomemos, como exemplo, um recipiente em que havia 30 maçãs e do qual 15 foram retiradas. É desnecessário contarmos uma por uma as restantes para sabermos a quantidade que ficou no recipiente, pois a operação pode ser feita sem o auxílio da experiência.

Capítulo 5

Atividades de autoavaliação

1. a
2. d
3. c
4. d
5. a
6. Verdadeira.

Atividades de aprendizagem

Questões para reflexão

1. Não é moralmente válida, porque a ação pautada na mentira não pode ser elevada à categoria de ação universalmente válida.

2. A discussão deverá ser voltada para a ação moralmente válida e o critério que a impulsiona, ou seja, a validade universal da ação. Daí as ações apresentadas serem consideradas criminosas.

3. A diferença é que o intelecto remete às categorias, e a razão é a faculdade que trabalha quando o âmbito da coisa em si é investigado. Enquanto o intelecto possibilita os juízos, a razão opera com raciocínios.

Capítulo 6

Atividades de autoavaliação

1. a
2. d
3. c
4. Verdadeira.
5. d
6. d
7. Falsa. O conceito de *espírito absoluto* representa a síntese entre pensamento e realidade, e não há separação entre essas searas. O espírito absoluto é constante vir a ser que se manifesta e que tende sempre a se manifestar de forma qualitativamente mais perfeita.
8. Verdadeira.

Atividades de aprendizagem

Questões para reflexão

1. Vivemos em um contexto cultural em que a razão é superestimada; segundo a noção de *alma bela* de Schiller, a estética (por meio da beleza) equilibra a balança entre o lado emotivo e o racional do homem, valorizando aquele em detrimento deste.

2. Segundo a perspectiva do idealismo alemão, o mundo é representado pelo sujeito. Representar o mundo significa ter a percepção dele no sentido de que ele é "construído" pelo sujeito; assim, é possível o questionamento sobre a realidade independente do sujeito.

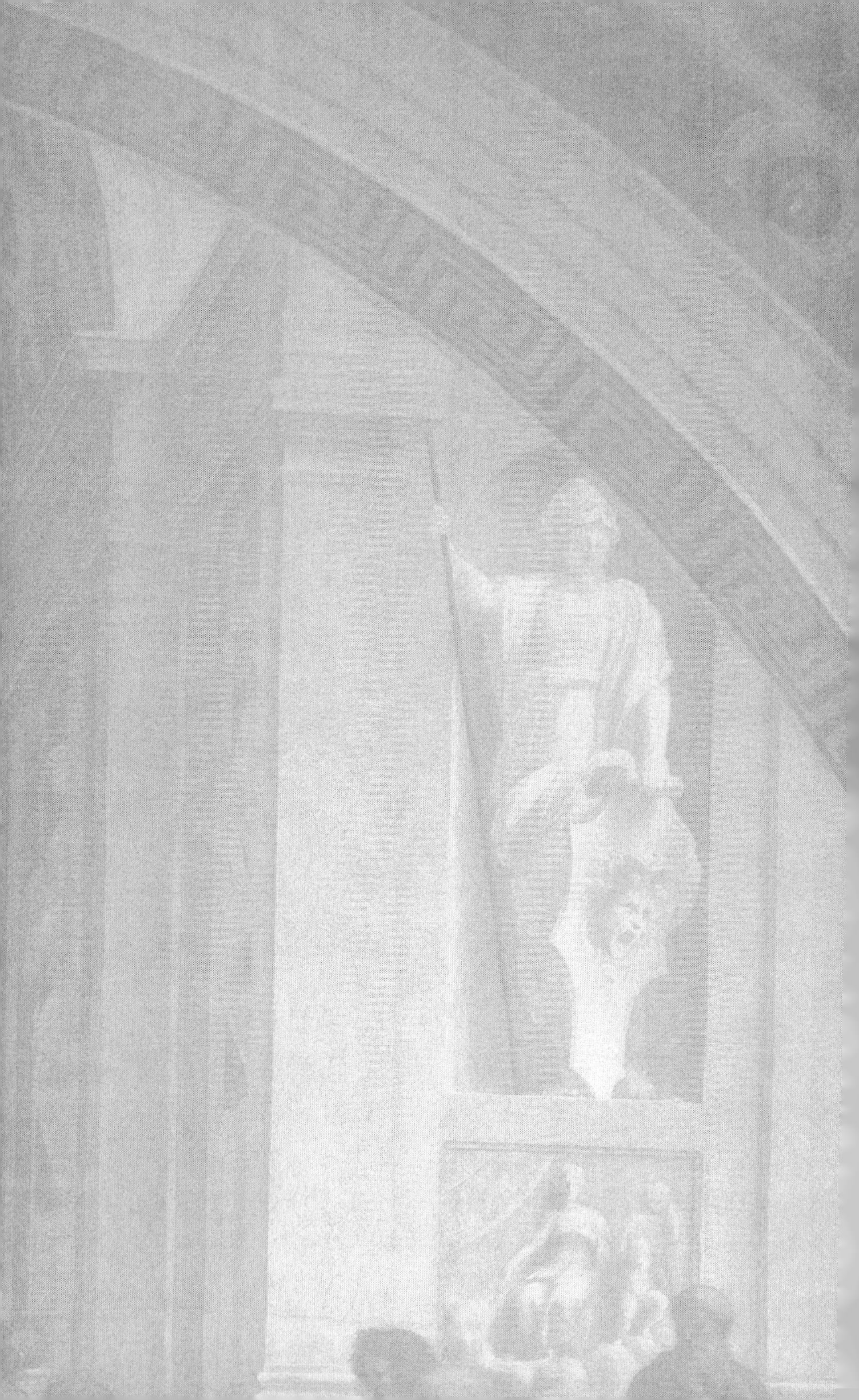

sobre o autor

Fábio L. Ferreira é formado em Filosofia pela Pontifícia Universidade Católica do Paraná (PUCPR). Realizou trabalho monográfico de conclusão de curso sobre o tema do pessimismo na filosofia de Arthur Schopenhauer. Posteriormente, trabalhou a temática da compaixão na filosofia budista e na filosofia moral de Schopenhauer. Lecionou as disciplinas de Filosofia e Metodologia em cursos superiores. Atualmente trabalha com orientação sobre formas de estudo na área de metodologia científica.

SANZIO, R. *A Escola de Atenas (Scuola di Atene)*.
1509-1510. 500 cm × 770 cm; color.
Stanza della Segnatura, Palácio Apostólico:
Cidade do Vaticano.

Impressão:
Agosto/2023